Reisen in die Heimat

Band 4

Rufus Barke

KÖLN

regionale2010

Rufus Barke

Reisen in die Heimat Band 4

Köln

J.P. BACHEM VERLAG

regionale2010

Bildnachweis:
Titelbild: Tim Friesenhagen

Alle Bilder: Rufus Barke, außer: Archiv Firma Friedrich Wassermann: S. 90 u.; Bauer, Joachim: S. 136, 165 o.; Boecker, Robert: S. 58 f.; böhm – benfer – zahiri landschaft und städtebau, Berlin: S. 176; Colonia3D: S. 16, 18, 41; Deutsches Zentrum für Luft- und Raumfahrt: S. 180; © Dombauarchiv Köln, Matz und Schenk: S. 34; Fotowerkstätte Hugo Schmölz, © Archiv Wim Cox, Köln: S. 84 o.; Friesenhagen, Tim: S. 9, 159; GAG Immobilien AG: S. 116 f.; Glass Kramer Löbbert und Uta Graff Architekten Berlin: S. 181, 184 f.; Grönert, Max/Kölner Stadt-Anzeiger: S. 39 u.; HOCHTIEF: S. 93; Horn, Heinz Günter: S. 29 o., 40; Köhler, Barbara: S. 14; © Kölner Grün Stiftung: S. 122; Körber-Leupold, Celia: S. 52 re., 56, 97; KuG, Nicolaus, Kirmes (Der Grüne Ring, Kommunalverband Großraum Hannover 2000): S. 162 f.; Loehrer, Boris: S. 77 u.; Manos Meisen, Düsseldorf (Archiv Firma Friedrich Wassermann): S. 94 u.; Ministerium für Bauen und Verkehr des Landes Nordrhein-Westfalen (Fotos: Axel Thünker DGPh, Bad Münstereifel): S. 10, 15, 20, 22, 29 u., 31 o., 35 f., 39 o.; Odysseum: S. 182 f.; planorama Landschaftsarchitekten: S. 177; Rakoczy, Csaba Peter: S. 60 o., 61, 68, 94 o., 95, 98, 106 u. f., 108, 121; Regionale 2010-Agentur: 84 u.; Rheinisches Bildarchiv Köln: S. 26 o., 44–48, 54, 66, 75, 80, 82, 88 f., 150 f.; Römisch-Germanisches Museum der Stadt Köln/Rheinisches Bildarchiv Köln: S. 17; SAINT-GOBAIN GLASS (Foto: Christoph Seelbach): S. 8; Schuhmann, Ralf: S. 30, 31 u., 178; Stadt Köln: S. 50, 62, 105, 120; Stiftung Butzweilerhof: S. 112, 114 f., 118; Wikimedia Commons/Bundesarchiv (Foto: Katherine Young, New York): S. 149*; Wikimedia Commons/D. Herdemerten: S. 28*; Wikimedia Commons/Elke Wetzig: S. 104*; Wikimedia Commons/Hans Peter Schaefer: S. 43*, 63 o.*; Wikimedia Commons/HOWI: S. 60 u.*, 73*, 77 o.*; Wikimedia Commons/Nicolas von Kospoth: S. 37 o.**; Wikimedia Commons/public domain: S. 57, 64, 148 u.; Wikimedia Commons/Raimond Spekking: S. 65*, 74*, 106 o.*; Wikimedia Commons/Thomas Robbin: S. 79*; Wikimedia Commons/VollwertBIT: S. 37 u.**; Wikimedia Commons/Willy Horsch: S. 32*; Willebrand, Jens: S. 103

Bibliografische Information der Deutschen Nationalbibliothek
Die Deutsche Nationalbibliothek verzeichnet diese Publikation in der Deutschen Nationalbibliografie; detaillierte bibliografische Daten sind im Internet über http://dnb.d-nb.de abrufbar.

1. Auflage 2010

Redaktion: Martina Dammrat, Christoph Hölzer, Reimar Molitor und Miriam Moser, Köln
Lektorat: Angela Ritter, Bergisch Gladbach
Bildredaktion: Aurette Liese, Köln
Kartengestaltung: KGS Schlaich, Geislingen
Kartenausführung: Angelika Solibieda, cartomedia, Karlsruhe
Einbandgestaltung und Layout: Heike Unger, Berlin
Reproduktionen: Reprowerkstatt Wargalla GmbH, Köln
Druck: Grafisches Centrum Cuno, Calbe
Printed in Germany
ISBN 978-3-7616-2333-6

Titelbild: Stadt beiderseits des Rheins – das Kölner Stadtpanorama

Vom Reisen in die Heimat

Mark vom Hofe

In die Heimat reisen, die gewohnte Umgebung mit anderen Augen sehen, Bekanntes wiederentdecken und Neues erkunden – das ist das Ziel der Buchreihe **Reisen in die Heimat**. Möglich wird dies durch die Regionale 2010, jene „Rheinische Welt-Ausstellung", die nach sechs Jahren der Ideensammlung, Projektentwicklung, Kreativität und Fantasie in die Umsetzungsphase gestartet ist und 2010 vorstellen will, welche zukunftsweisenden Projekte in der Region Köln / Bonn in Angriff genommen wurden.

Die Regionale 2010 verfolgt ein wesentliches Ziel: Menschen sollen die Zukunft ihrer Heimat selbst in die Hand nehmen. Zwischen Bergheim und Bergneustadt, zwischen Wermelskirchen und Windeck haben dies Politik, Wirtschaft, Einzelhandel, Vereine aus Sport, Kultur und Naturschutz, Wohlfahrtsverbände und Bürgerinitiativen – kurz alle, die bei Projekten der Zukunft mitsprechen und sie mitgestalten wollen – getan. Sie haben die Initiative ergriffen, nicht lokal, sondern regional, über die Grenzen der Gemeinden und Kreise hinaus, ja sogar über das große vereinende, aber zugleich so trennende fließende Band, den Rhein, hinweg.

Die Menschen in der Region sollen sich ihres Schatzes vor der eigenen Haustür oder auf der jeweils anderen Rheinseite stärker bewusst werden. Die Regionale will Brücken schlagen und zeigen, dass sich die Region als eine attraktive, erlebnis- und abwechslungsreiche Gruppe von Kulturlandschaftsräumen darstellt, die eng miteinander verzahnt sind.

Acht ausgesuchte Ziele der Heimat

Fragt man Menschen, was ihnen zum Rheinland einfällt, lautet die Antwort oft: Karneval, Kölner Dom und Siebengebirge. Folglich widmet die

Buchreihe **Köln** und dem **Siebengebirge** je einen Band. Auch der **Rhein**, der dem Land den Namen gibt, muss einen eigenen Band erhalten. Ihnen gemein ist die Mischung aus Bekanntem, regional Besonderem und Innovativem als Ergebnis des Regionale-Prozesses: Informationen, Tipps, Anekdoten und unbekannte Zusammenhänge machen die Ausflüge zu neuen, reichen Erlebnissen.

Der Titel **Vierflüsseland** beschreibt das Gebiet östlich des Rheins entlang der Dhünn, der Wupper und der Strunde und beleuchtet das Zusammenspiel von Mensch und Gewässer bei der Arbeit und der Erholung. Im Osten liegen auch die **Bergischen Höhen**, die von Grünland, Wald und tief eingeschnittenen Tälern geprägt sind und im Raum des „Wasserquintetts“ hinter gewaltigen Mauern das Wasser speichern. Die reich gewundenen Flüsse **Sieg und Bröl** schließlich prägen eine besonders reizvolle Landschaft mit großem geschichtlichen Hintergrund, für den Schloss Homburg im Homburger Ländchen steht.

Im Westen der Region verdienen mit **Bonn und Vorgebirge** die ehemalige Bundeshauptstadt und die Kultur- und Naturschätze ihres Umlandes einschließlich des lang gestreckten Waldgebietes Kottenforst ebenso einen eigenen Band wie das größte rheinische Braunkohlegebiet **Entlang der Erft**. Mit dieser Landschaft, die seit Generationen durch den Tagebau geformt wird und in der nun zu den zwei Kölner Grüngürteln ein drittes grünes Band entsteht, schließt sich der Reigen: Wer die gesamte Region erkunden will, hat mit acht Bänden und einem Radführer dazu die Gelegenheit – und die Gewissheit, in jedem Band die bekannten, aber vor allem die unbekannten Besonderheiten, Sehenswürdigkeiten und Eigenarten genannt, erklärt und in ihre regionalen Zusammenhänge eingeordnet zu finden. Auf dass daraus wiederum Heimat werde.

Kulturlandschaftsraum Köln

Zweitausend Jahre Kultur

Die Rhein-Metropole Köln ist die älteste Stadt in Nordrhein-Westfalen und eine der ältesten Städte Deutschlands überhaupt. Seit der Zeit der römischen Besiedlung ist Köln nicht nur für das heutige Nordrhein-Westfalen, sondern auch für den gesamten mitteleuropäischen Raum eines der wichtigsten Wirtschafts-, Verkehrs- und Kulturzentren mit einer enormen Ausstrahlungskraft. Kölns über zweitausend Jahre alte Kulturgeschichte ist noch an vielen Stellen in der Stadt ablesbar – oberirdisch und unterirdisch. Vor allem aber ist die Hinwendung zum Rhein prägend über zwei Jahrtausende. Die Römer siedelten sich auf der linken Rheinseite – im „Land der Barbaren" – an und errichteten dort

Moderne Architektur im MediaPark Köln

die Schauseite Kölns zum Rhein hin. Direkt gegenüber, auf der rechten Rheinseite und durch eine Brücke mit der Stadt verbunden, entstand das Deutzer Kastell als militärischer Schutz. Bis heute prägt diese römische Kernbesiedlung die Struktur der Stadt: Höher gelegen und damit vor Hochwasser geschützt, entwickelte sich linksrheinisch das kulturelle Zentrum mit Hafen und Umschlagplätzen, rechtsrheinisch befand sich das eigenständige Deutz. Erst mit dem Bau der Dombrücke um die Mitte des 19. Jahrhunderts rückten die beiden Rheinseiten näher zusammen.
Auch die mittelalterlichen Wachstumsphasen, die das römische Areal nach und nach erweiterten, lassen sich heute noch gut im Stadtbild verfolgen. Siebeneinhalb Kilometer lang war die mächtige mittelalterliche Stadtmauer mit ihren vielen Toren und Türmen, von der heute allerdings nur noch drei Stadttore und wenige Überreste geblieben sind. Ihr ursprünglicher Verlauf lässt sich heute noch an den „Ringen“ ablesen, der ringförmigen Straße, die einen Halbkreis vom nördlichen zum südlichen Rheinufer beschreibt. Die wachsende Bedeutung Kölns als erzbischöflicher Sitz und Wallfahrtsort fand mit dem Bau des erst im 19. Jahrhundert vollendeten Doms ihren Höhepunkt. Doch zuvor prägten bereits zahlreiche romanische Kirchen und Klosteranlagen das mittelalterliche Stadtbild, eine Reihe von Kirchen, die bis in unsere Zeit eine große Anziehungskraft besitzen. Zünfte und Gaffeln – politische Vereinigungen, die sich aus Zunftangehörigen und Bürgern zusammensetzten – beherrschten damals das wirtschaftliche Leben der Stadt. Dank des Stapelrechts, das Kaufleuten einen mehrtägigen Aufenthalt und das Stapeln ihrer Waren in Lagerhallen vorschrieb, kontrollierte die freie Reichsstadt Köln den Warenverkehr auf dem Rhein und gelangte zu beachtlichem Reichtum. Nach einer Phase der ruhigen städtischen Entwicklung im

Kölner Wahrzeichen: der Blick auf den Dom von der rechten Rheinseite aus gesehen

Das berühmte Dionysosmosaik im Römisch-Germanischen Museum

Spätmittelalter und in der frühen Neuzeit bis zur Industrialisierung stieg die Einwohnerzahl Kölns im 19. Jahrhundert rasch an, sodass dringend Platz geschaffen werden musste. Der mittelalterliche Mauerring, der die Stadt umschloss und nach damaliger Ansicht ihre Erweiterung verhinderte, war dem Abriss geweiht. In der Folgezeit vergrößerte sich Köln mit fortschreitender Industrialisierung entlang von Wachstumsachsen, deren Anlage noch heute im Stadtbild erkennbar ist. Aus der Zeit des beginnenden 20. Jahrhunderts stammt auch das in Europa einzigartige Grünflächenkonzept Konrad Adenauers und Fritz Schumachers, das die Stadt bis heute prägt. Zahlreiche Parks und die beiden Grüngürtel, der innere und der äußere, sowie radiale Verbindungen sorgen für stadtnahe Erholung und frische Luft. Und trotz wechselnder Leitbilder hat sich das von Schumacher vorgegebene Grundgerüst der Grüngürtel bis heute als tragfähig erwiesen. Mit dieser städtebaulichen und grünplanerischen Kontinuität hebt sich Köln deutlich von anderen Städten im deutschsprachigen Raum ab.
Im letzten Drittel des 20. Jahrhunderts haben dann neue global und regional wirkende Kräfte begonnen, die Stadt zu verändern. Die strukturelle Umformung ist deutlich: Köln wandelt sich von einer Industriestadt zu einer Wissensstadt. Besonders im industriell geprägten rechtsrheinischen Stadtgebiet ist der Wechsel noch nicht abgeschlossen. Dies führt zu einigen Problemen bei der Stadtteilentwicklung, birgt jedoch auch Potenzial. Köln als Stadt bietet sich jetzt die Chance, die Stadthälften beiderseits des Rheins gleichgewichtig zu entwickeln. Im Linksrheinischen geht es darum, den Bestand zu erhalten und behutsam weiterzuentwickeln, auf der rechten Rheinseite stehen die Chancen zur Entwicklung und Modernisierung althergebrachter Strukturen im Vordergrund. Beide Aufgaben werden sich gegenseitig befruchten.

Das einzigartige Kölner Grünflächenkonzept umfasst auch den Grünzug „Lindenthaler Kanal".

Pulheim
Niehl
Riehl
Nippes
Mülheim
Lövenich
Köln
Junkersdorf
Deutz
Frechen
Efferen
Westhoven
Porz
Rodenkirchen
Hürth
Zündorf
Immendorf
Grengel
Rösrath
Königsforst
Wahner
Heide
Flughafen Köln/Bonn
Strunde
Erlebnisraum Grünes Köln
Erlebnisraum Modernes Köln
Erlebnisraum Römisches Köln
Erlebnisraum Mittelalterliches Köln
Erlebnisraum Rechtsrheinisches Köln
Projektraum: Flughafen Butzweilerhof
Projektraum: Envihab
A 1
A 3
A 4
A 57
A 555
A 559
B 8
B 9
B 51
B 55
B 59
B 264
B 265
B 506
N
0
5
km

Erlebnisräume in Köln

Die in diesem Band beschriebene „Reise in die Heimat" lädt Sie ein, die zweitausendjährige Geschichte der Stadt Köln und ihre Bedeutung für die Region zu erkunden.

Im Erlebnisraum **Das römische Köln** entdecken Sie die Spuren der ersten Besiedlungszeit Kölns: Oberirdisch folgen Sie dem Verlauf der römischen Stadtmauer, während Sie unterirdisch die Überreste des Statthalterpalastes und der Vorgängerbauten des Doms erforschen. **Das mittelalterliche Köln** entführt Sie dann ins ausgehende 16. Jahrhundert: Die romanischen Kirchen und der neuzeitliche Stadtraum, der sie umgibt, stehen im Mittelpunkt der Tour *Via Sacra*, und der Weg „Straßennamen erzählen" gibt Ihnen anschließend Gelegenheit, sich in den Zeitgeist des Mittelalters hineinzuversetzen. Der Erlebnisraum **Das moderne Köln** widmet sich dem „Neuen Bauen" und zeitgenössischer Architektur: Die drei Wege der *Via Architectura* lassen die prächtige Kölner Ringstraße vom Beginn des 20. Jahrhunderts wieder auferstehen, zeigen Ihnen herausragende zeitgenössische Architektur und entführen Sie schließlich zum Flughafen Butzweilerhof. Dem einzigartigen Grünkonzept Konrad Adenauers und Fritz Schumachers fühlt sich der Erlebnisraum **Das grüne Köln** verpflichtet: Fünf Touren führen Sie zu den Parks von Fritz Encke, in den Inneren und Äußeren Grüngürtel, zum Grünzug „Lindenthaler Kanal" und rechtsrheinisch zum Rheinpark. Zu guter Letzt erkunden Sie **Das rechtsrheinische Köln**: Hier begegnen Sie neuen Stadträumen mit markanten Bauten, genießen einen Ausflug in die Wahner Heide und machen einen Abstecher zu den „Gärten der Technik".

Alle diese Entdeckungstouren haben jedoch eines gemeinsam: Sie zeigen Ihnen die Einzigartigkeit dieses wertvollen Kulturlandschaftsraums, der auch in Zukunft einen wesentlichen Beitrag zur Entwicklung der Region leisten wird.

Erlebnisraum Das römische Köln

Das Rom des Nordens

Im Jahre 50 nach Christus wurde das ehemalige Ubierdorf *Oppidum Ubiorum* in den Rang einer Kolonie erhoben und hieß fortan *Colonia Claudia Ara Agrippinensium*, kurz *CCAA* (Kolonie des Claudius und Altar der Agrippina). Schon bald siedelten sich römische Veteranen und an-

Der fast quadratische Grundriss der römischen Siedlung Colonia Claudia Ara Agrippinensium

dere Römer in der überwiegend von Einheimischen bewohnten Kolonie an. Innerhalb kurzer Zeit wurden hier alle Bauten errichtet, die auch typisch für das ferne Rom waren, darunter Tempel, die verschiedenen Gottheiten gewidmet waren, unter anderem der Göttin Roma. Der Haupttempel, das *Capitol*, zu Ehren Jupiters, seiner Gemahlin Juno und seiner Tochter Minerva, war dem gleichnamigen Tempel in Rom nachempfunden und befand sich an der Stelle der heutigen Kirche „St. Maria im Kapitol". Auch das Rathaus *(Curia)*, der Verwaltungssitz *(Praetorium)*, Thermen *(thermae)* für die Körperpflege und Gebäude, die der Unterhaltung dienten, wie zum Beispiel Theater, wurden damals errichtet. Luxusvillen wie das rund zweitausendsechshundert Quadratmeter umfassende Wohnhaus, das das prächtige Dionysosmosaik zierte, künden vom raschen Wachstum und Wohlstand der Stadt. Das Trinkwasser für die „Agrippinenser", als die sie sich selbst bezeichneten, wurde zunächst durch den Hürther Kanal aus dem Vorgebirge hergeleitet. Schon im 1. Jahrhundert nach Christus baute man jedoch eine fast hundert Kilometer lange gemauerte Wasserleitung – eine Kombination aus Aquädukt, Kanälen und Entschlammungsanlagen –, die die Einwohner mit frischem Eifelwasser versorgte. Relikte des hervorragend funktionierenden Kanalsystems der Stadt sind noch heute an vielen Stellen im Untergrund Kölns zu bewundern. Im Zuge von Tiefbauarbeiten zur Nord-Süd-Stadtbahn wurde zum Beispiel 2004 der Auslass eines über zwei Meter hohen Kanals entdeckt, der vermutlich aus dem Jahre 90 nach Christus stammt. Und bei notwendigen Sanierungsmaßnahmen, wie beispielsweise denen des sechshundert Meter langen Abwasserkanals unter der Hohe Straße, stoßen die beteiligten Firmen immer wieder auf antike Funde – wie etwa die „Aphrodite von Köln", den Torso einer römischen Marmorstatue (Venus).

Bei Kanalbauarbeiten 2004 unter der Hohe Straße gefunden: die „Aphrodite von Köln"

Die Stadtmauer – Symbol der Macht

Nach außen dokumentierte *CCAA* ihre Macht durch eine prächtige Stadtmauer mit Türmen und Toren. Abgesehen von der natürlich vorgegebenen Ausbuchtung bei den südlichen Bachläufen markierte sie beinahe exakt ein Quadrat und nutzte das hochwasserfreie Gelände, das zum Rhein hin um mehrere Meter abfiel. Die Straßen innerhalb des Stadtgrundrisses wurden ebenfalls symmetrisch angelegt, sodass sich rechtwinklige *insulae* zur Bebauung ergaben. Das *Forum* allein umfasste mindestens sieben *insulae* und öffnete sich zum Rhein hin mit einem beeindruckenden Kolonnadengang. Diese Ausrichtung wichtiger Gebäude wie Tempel, *Praetorium* und *Capitol* auf den Rhein bestimmte das Rheinpanorama – und durch die Orientierung der zahllosen christlichen Bauten ebenfalls zum Rhein hin ist dies bis heute so geblieben. Auch der von Westen nach Osten verlaufende *Decumanus Maximus* (die heutige Schildergasse) und der von Norden nach Süden ausgerichtete *Cardo Maximus* (die heutige Hohe Straße), an deren Schnittpunkt das *Forum* lag, existieren noch immer. Auch die Breite Straße mit ihrem weiteren Verlauf bis zur Budengasse entspricht im Wesentlichen dem Weg, den Reisende und Bürger nahmen, wenn sie durch das Ehrentor die Stadt in Richtung *Praetorium* betraten. Die Ursprünge des *Cardo Maximus* reichen historisch sogar noch weiter zurück: Er wurde auf einem hochwassersicheren Rheinpfad aus vorchristlicher Zeit angelegt.

Oberirdische Zeugen – entlang der Stadtmauer

Oberirdisch sind in Köln leider kaum noch Zeugnisse römischer Zeit zu finden, anders als in anderen Städten wie beispielsweise Trier. Dies hat einen einfachen Grund: Von Beginn an war Köln Verwaltungssitz und eine beständig wachsende Stadt, sodass sich in nachrömischer Zeit die Bauher-

Diese digitale Rekonstruktion ist das Ergebnis eines Forschungsprojekts der Universität zu Köln, KISD, FH Köln, Universität Potsdam und des Römisch-Germanischen Museums (RGM).

Sensationeller Fund bei Bauarbeiten nach dem Zweiten Weltkrieg: Überreste des Praetoriums

ren desjenigen Materials bedienten, das ohne großen Aufwand verfügbar war. Sie „recycelten" zunächst Steine und Baumaterial der Tempel und später auch der römischen Stadtmauer. Manche der Gebäude erfuhren allerdings eine sinnverwandte Nutzung: So residierten nach der Eroberung Kölns im Jahre 456 im *Praetorium* die fränkischen Könige – genauer gesagt „Teilkönige", bevor der dem königlichen Geschlecht der Merowinger entstammende Chlodwig die fränkischen Stämme einte und in Köln zum König aller Franken ausgerufen wurde.
Der Erlebnisraum „Das römische Köln" möchte Sie auf zwei Rundgängen in die Zeit von 50 bis 456 nach Christus zurückversetzen. Vierhundert Jahre also, in denen die Römer das „alte" Köln zu einer bedeutenden, florierenden Provinzhauptstadt am Rhein entwickelten und bis heute sichtbare Spuren hinterließen.

Unterirdische Zeugen – die Archäologische Zone

Das Projekt „Archäologische Zone" im Rahmen der Regionale 2010 will dieser historischen Bedeutung mit einem neuen Museum Rechnung tragen. Dabei wird es jedoch nicht nur um die römische Zeit gehen. Die archäologischen Grabungen werden in einem Gebiet vorgenommen, das den wichtigsten Teil des Verwaltungszentrums der ehemaligen römischen Provinz Niedergermanien ebenso umfasst wie den vermuteten frühmittelalterlichen Palast der fränkischen, merowingischen und karolingischen Könige. Dazu zählen auch die Ursprungsbauten des Kölner Rathauses mit allen Nachfolgebauten bis ins Spätmittelalter und nahezu der gesamte Bereich eines der bedeutendsten jüdischen Stadtquartiere der Geschichte. Ziel der Archäologischen Zone ist es, vergangene Epochen anschaulich darzustellen und Interessierten ein Gefühl für die damalige Zeit zu geben. Dies ist auch das Anliegen der folgenden Rundgänge.

Der antike Römerturm in der alten Stadtmauer als 3-D-Animation

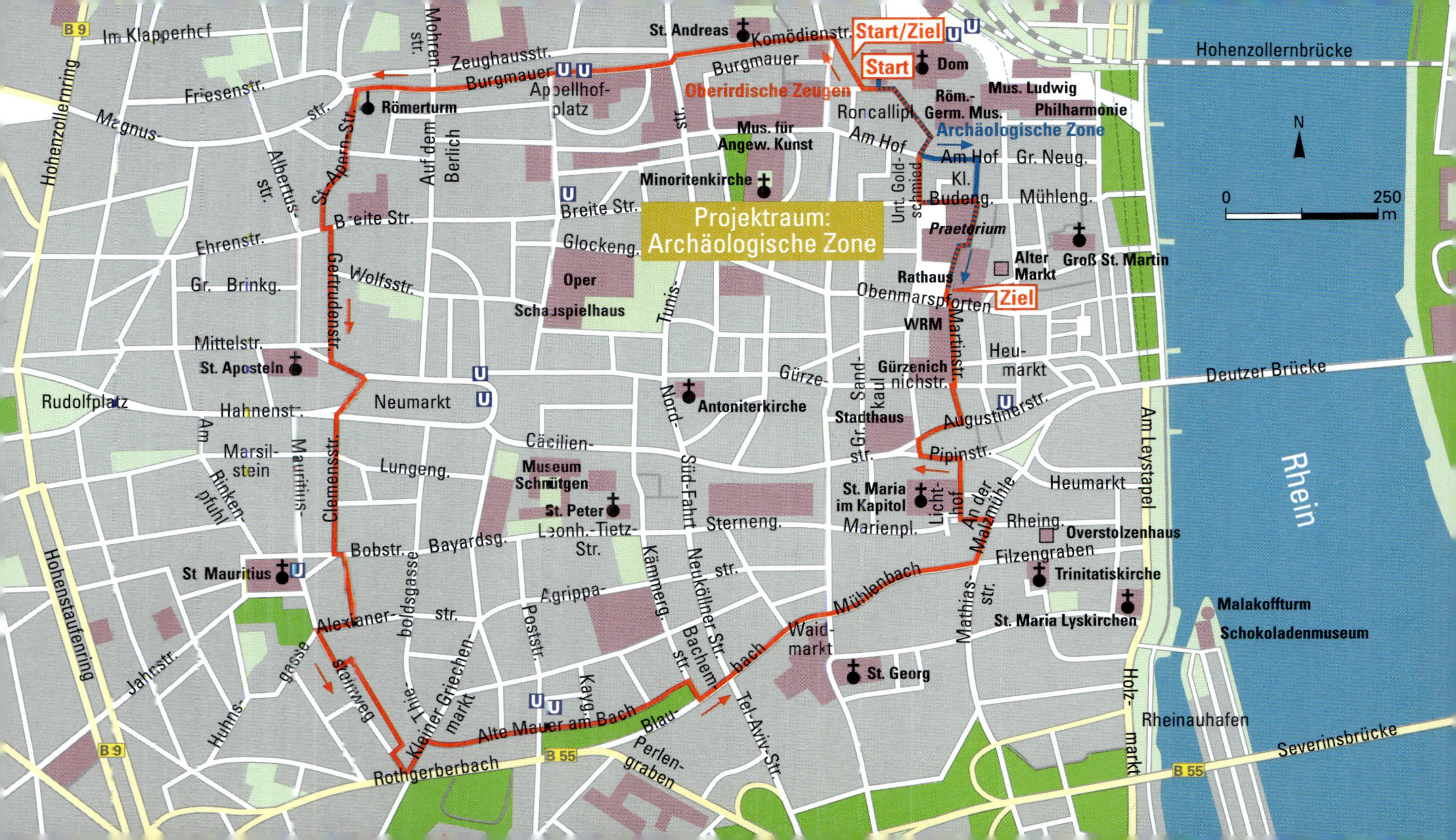
Start/Ziel
Start
Ziel
Dom
Mus. Ludwig
Philharmonie
Röm.-Germ. Mus.
Archäologische Zone
Oberirdische Zeugen
Projektraum: Archäologische Zone
Praetorium
Rathaus
Alter Markt
Groß St. Martin
WRM
Gürzenich
Stadthaus
St. Maria im Kapitol
Overstolzenhaus
Trinitatiskirche
St. Maria Lyskirchen
Malakoffturm
Schokoladenmuseum
St. Georg
St. Andreas
Mus. für Angew. Kunst
Minoritenkirche
Römerturm
Oper
Schauspielhaus
Antoniterkirche
Museum Schnütgen
St. Peter
St. Aposteln
St Mauritius
Hohenzollernbrücke
Deutzer Brücke
Severinsbrücke
Rhein
Rheinauhafen
Am Leystapel
Holz-markt
Heumarkt
Heu-markt
Komödienstr.
Burgmauer
Zeughausstr.
Apellhof-platz
Roncallipl.
Am Hof
Gr. Neug.
Kl. Budeng.
Mühleng.
Unt. Gold-schmied
Obenmarspforten
Martinstr.
Gürze-nichstr.
Gr. Sand-kaul
Augustinerstr.
Pipinstr.
Licht-hof
An der Malzmühle
Rheing.
Filzengraben
Marienpl.
Mathias-str.
Mühlenbach
Waid-markt
Bach
Tel-Aviv-Str.
Bachem-str.
Neuköllner Str.
Kämmerg.
Blau-bach
Perlen-graben
Rothgerberbach
Alte Mauer am Bach
Kleiner Griechen-markt
Thie-boldsgasse
Kayg.
Poststr.
Agrippa-str.
Sterneng.
Leonh.-Tietz-Str.
Bayardsg.
Bobstr.
Cäcilien-str.
Nord-Süd-Fahrt
Tunis-str.
Glockeng.
Breite Str.
Lungeng.
Neumarkt
Clemensstr.
Gertrudenstr.
Alexianer-str.
Stolkgasse
Huhns-gasse
Jahnstr.
Mauritius-
Marsil-stein
Rinken-pfuhl
Am
Hahnenstr.
Mittelstr.
Rudolfplatz
Gr. Brinkg.
Ehrenstr.
Wolfsstr.
St.-Apern-Str.
Albertus-str.
Friesenstr.
Magnus-str.
Mohren-str.
Auf dem Berlich
Im Klapperhof
Hohenzollernring
Hohenstaufenring
B 9
B 55
N
0
250 m

Oberirdische Zeugen – entlang der römischen Stadtmauer

Dieser knapp vier Kilometer lange Rundweg dauert etwa zwei Stunden und orientiert sich an der von Gerta Wolff in ihrem Buch „Das römisch-germanische Köln" beschriebenen Route. Wir machen allerdings lediglich an zwanzig der von ihr beschriebenen Stellen halt – Gerta Wolffs Rundgang ist sehr viel detaillierter und erwähnt alle gefundenen und „versteckten" Mauerabschnitte und Tore.

Otto Doppelfeld kennzeichnete 1950 die einzelnen Mauerabschnitte, Tore und Türme mit Nummern. Den Beginn macht das Nordtor mit der Nummer [1], dem Mauerverlauf westlich folgend haben die neun Tore und einundzwanzig Türme ungerade, die Mauerabschnitte dazwischen gerade Nummern. Dieses System wird für den folgenden Rundgang ebenfalls verwendet. Den Abschluss bildet Mauer Nummer [60], die Sie wieder bis zum Nordtor führt.

Was können Sie hier tun und erleben?

Auf dieser Entdeckungstour entlang der früheren römischen Stadtmauer können Sie sich in eine zweitausend Jahre zurückliegende Zeit versetzen. Zwar sind von der damals beeindruckenden Mauer oder von anderen bedeutenden Bauten oberirdisch kaum spektakuläre Teile erhalten. Dennoch sind an vielen Stellen Überreste sichtbar: Sie sind entweder in Gebäude aus späteren Epochen integriert, wie der nordwestliche Römerturm in der Zeughausstraße, oder sie stehen an unauffälligen Stellen in der Stadt, wie zum Beispiel ein über fünfzig Meter langes Mauerstück in einer Gartenanlage zwischen Mauritiussteinweg und Thieboldsgasse. Auf oberirdisch sichtbare Teile der Stadtmauer weisen in die Straße eingelassene Bronzetafeln hin.

Anfahrtspunkt:
Das Nordtor auf dem westlichen Ende der Domplatte

Parkmöglichkeiten:
Tiefgarage am Dom oder andere benachbarte Tiefgaragen

Anreise mit ÖPNV:
U Bahn-Linien 5, 16 und 18,
Haltestelle Dom / Hauptbahnhof

Die Karte zu dieser Tour finden Sie auf S. 19.

Und so sieht der Römerturm, der besterhaltene Turm der römischen Stadtmauer, heute aus.

Die Nordmauer entlang

Das Nordtor [1] der Stadtmauer finden Sie auf der Domplatte, genauer gesagt den östlichen Fußgänger-Durchgang des Nordtors, denn der mittlere Torbogen ist im Römisch-Germanischen Museum ausgestellt. Das Tor hatte ursprünglich beeindruckende Maße: Mit rund dreißig Metern Breite, zwei Türmen und drei Durchgängen gewährte es Reisenden aus dem Norden (Neuss) Eintritt in die Stadt. Wer zu Pferde oder mit einem Wagen reiste, passierte das mittlere, über fünfeinhalb Meter breite Tor, Fußgänger wählten eines der beiden Seitentore. Durch einen fast zwölf Meter langen Innenbereich gelangte man auf die heutige Hohe Straße. Das Tor, das heute ein beliebtes Fotomotiv ist, stand in römischer Zeit weiter westlich und vier Meter tiefer. Die Fundamente des östlichen Torturms können Sie noch in der Parkgarage am Dom besichtigen. Gehen Sie vom Tor aus rechts die Stufen hinunter Richtung Touristeninformation (KölnTourismus) und gleich rechts am U-Bahn-Eingang vorbei bis zu einer unscheinbaren Stahltür. Dort bringen Sie die Stufen zu

Das Nordtor nahe dem Dom ist ein beliebtes Fotomotiv.

den unterirdischen Resten des Tors und zum Annostollen [60]. Es heißt, dass der 1949 entdeckte Stollen im Jahre 1074 ein Fluchtweg des Erzbischofs Anno gewesen sei, der aufständischen Kölnern zu entkommen suchte.
Sie verlassen das Parkhaus auf demselben Wege, wie Sie gekommen sind, und gehen geradeaus auf der linken Straßenseite in die Komödienstraße. Damit befinden Sie sich auf der früheren Feldseite der Mauer, also außerhalb des Stadtgebiets. In Höhe der Hausnummer 45 finden Sie auf dem Gehweg einen Mauerrest [4]. Am Ende der Straße, direkt an der Ecke zur Nord-Süd-Fahrt befindet sich der Lysolphturm [5]. Über dem typischen Stufensockel sehen Sie den in einer Höhe von knapp dreieinhalb Metern erhaltenen Turm, benannt nach einem mittelalterlichen Bewohner. Die Wand besteht aus Grauwackesteinen, und die Löcher im Mauerwerk stammen von Gerüstbalken, mittels derer man die oberen Bereiche des Turms mauern konnte. Überqueren Sie nun an der Fußgängerampel die Nord-Süd-Fahrt und wechseln Sie auf der Straße Burgmauer auf die rechte Straßenseite. Von Turm 7 und seinen seitlichen Mauerzügen zeugt noch die Form des Römerbrunnens [7]. Dieser 1915 gestaltete Brunnen sollte an die Ursprünge Kölns erinnern. Im Zweiten Weltkrieg schwer beschädigt, zeigt er heute die „Kapitolinische Wölfin“ mit den Zwillingen Romulus und Remus: Der Sage nach säugte eine Wölfin den Gründer Roms und seinen Bruder Remus, nachdem die beiden in einem Weidenkorb ausgesetzt worden waren. Nur wenige Meter weiter führen Stufen wieder auf die Straße Burgmauer zurück. Dort sehen Sie das 1606 fertiggestellte „Zeughaus“, dessen südseitiges Fundament von der Stadtmauer gebildet wird [8]. Das Gebäude mit den markanten rot-weißen Fensterläden beherbergte im Mittelalter die städtische Waffenkammer und ist

Der Lysolphturm an der Ecke Komödienstraße/Nord-Süd-Fahrt

seit 1956 der Standort des Kölnischen Stadtmuseums. Einige Meter weiter, am Ende der „Alten Wache“ aus dem Jahre 1840, beginnt das knapp neunzig Meter lange und drei Meter hohe Stück der Mauer 10. Im unteren Bereich sind deutliche Schichten von Grauwackeschale zu erkennen. Das nächste, schon von Weitem auffallende Zeugnis der Stadtmauer ist der Römerturm [13] kurz vor der Ecke St.-Apern-Straße. Im Jahre 50 nach Christus errichtet, bildet der Römerturm die nordwestliche Begrenzung der Stadtmauer, die von hier im rechten Winkel nach Süden weiterführt. Der Römerturm ist sicherlich das schönste oberirdisch erhaltene Zeugnis seiner Zeit: Deutlich ist im Grauwacke-Mauerwerk aus weißem Kalksandstein, rotem Sandstein und grauem

Römische Stadtmauer in der Straße „Burgmauer“, im Hintergrund der Kölner Dom
Der im Krieg zerstörte Römerbrunnen von 1915 wurde 1955 verändert wiederaufgebaut.

Trachyt die antike Verzierung zu erkennen. Bis zum Beginn des 19. Jahrhunderts diente der Römerturm den Franziskanerinnen des angrenzenden früheren Klosters als „stilles Örtchen". Dreißig Jahre später, nachdem er in Privatbesitz übernommen worden war, wurde er dann mit einem dreistöckigen runden Wohnhaus überbaut. Die heutige Form, die den Turm mit einem im neugotischen Stil angebauten Haus kombiniert, stammt aus dem Jahre 1898. Der mit Zinnen versehene obere Turmabschluss datiert von 1900.

Auf der Feldseite der Westmauer

Der Weg führt Sie nun auf der Feldseite der Mauer auf der St.-Apern-Straße weiter bis zum grün umrankten und darum im Frühjahr und Sommer kaum sichtbaren Helenenturm [15] an der Ecke Helenenstraße. Im Turminnern, das von der Helenenstraße aus zu begehen ist, ist der Kern aus römischem Beton noch fast bis in vier Meter Höhe erhalten. Ein anschließendes Mauerstück ist ebenfalls zu sehen. An der Kreuzung St.-Apern-Straße / Ehrenstraße führt der Weg ein kurzes Stück nach links in die Ehrenstraße. Dort ist mit groben Pflastersteinen der Umriss des früheren Ehrentors [19] in den Straßenbelag eingelassen; bei schönem Wetter verdecken allerdings Cafétische

Der Helenenturm an der Helenenstraße, dicht bewachsen und kaum zu erkennen

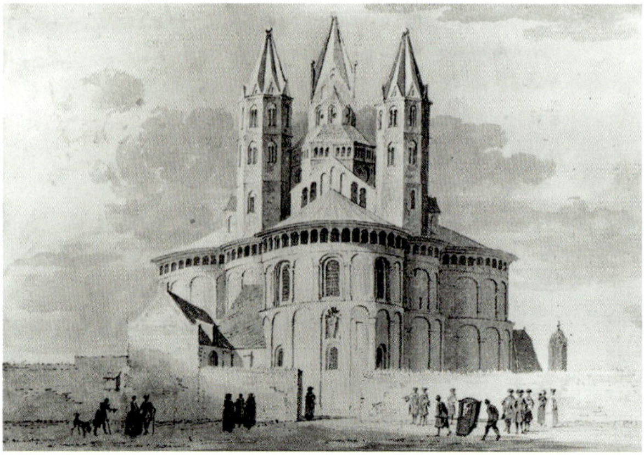

und -stühle den nördlichen Umriss. Von der Ehrenstraße aus folgen Sie dem früheren Mauerverlauf durch die Gertrudenstraße, in den nächsten zehn Minuten hilft dann aber nur noch Ihre Fantasie, da bis zur Clemensstraße keine sichtbaren Zeugen mehr existieren – nur Markierungen im Straßenbelag weisen zum Beispiel an der Ecke Gertrudenstraße / Mittelstraße auf den früheren Verlauf hin. Sie überqueren nun den Neumarkt, wo einst das mittlere Westtor stand. In der Clemensstraße sehen Sie im gelb gefliesten Bereich des Erdgeschosses von Haus Nummer 35 ein Stadtmauerstück [26]. Auch bei den Häusern Nummer 23, 9 und 5–7 [26] ist die Mauer in das Erdgeschoss eines modernen Baus integriert. Der Weg führt nun durch die Reinoldstraße nach rechts in die Alexanierstraße und gleich wieder links in den Mauritiussteinweg. Eine ins Pflaster eingelassene Tafel vor Haus 42–44 weist auf die hier zu entdeckende über fünfzig Meter lange Mauer hin [30]. Dazu müssen Sie nach links in den Innenhof gehen, dessen Zugang gegenüber Haus Nummer 35–37 liegt. Zur Linken wie zur Rechten erstreckt sich die Mauer rund zwei Meter hoch, teilweise üppig bewachsen. Eine weitere Besonderheit dieses Mauerstücks ist, dass Sie hier sowohl auf der Feldseite als auch auf der Stadtseite entlanggehen können. Zum

Darstellung der Kirche St. Aposteln aus dem Jahre 1729 mit der römischen Stadtmauer

Zwischen Mauritiussteinweg und Thieboldsgasse stehen noch knapp hundert Meter Stadtmauer.

Schluss halten Sie sich bei den Garagen rechts, um das Gartengelände wieder zu verlassen. Am Ende des Mauritiussteinwegs gehen Sie dann nach links (Griechenpforte) und sehen auch gleich den südwestlichen Eckturm [33]: Von dem ehemaligen Rundturm ist lediglich der Kern aus römischem Beton erhalten.

Die südliche Mauer

Hier zeigt die Stadtmauer einen Knick nach Osten und verläuft parallel zu den „Bächen", wie die Kölner die Straßen Rothgerberbach, Blaubach und Mühlenbach nennen. Folgen Sie der Straße „Alte Mauer am Bach", dann sehen Sie rechter Hand – auf dem Straßenniveau der „Bäche" – ein Stück Mauer, dessen Mauerkante das einzig erhaltene Zinnenstück der Römermauer [34] krönt. Der aus dem Mittelalter stammende Straßenname „Alte Mauer am Bach" weist auch auf die alte Römermauer hin, entlang derer der Duffesbach floss. Am Ende der Straße stoßen Sie auf die Reste eines Turms [37] mit einem angrenzenden Stück Mauer [38], die unter den Stützen eines Studentenwohnheims zu sehen sind. Der Turmrest weist den Grundriss eines Standardturms auf, für den ein Rücksprung der knapp zweieinhalb Meter breiten Mauer zur Feldseite hin typisch ist – zur Stadtseite hin ist die Mauer nur halb so breit. Folgen Sie dem imaginären Mauerverlauf bis zur Bachemstraße. An der Ecke Hohe Pforte / Mühlenbach stand das Südtor, von dem aus man in römischer Zeit schnurgerade am *Forum* vorbei zum Nordtor gelangen konnte – die Hohe Straße (damals *Cardo Maximus*) entspricht noch heute diesem Straßenverlauf. Wenige Schritte weiter lässt sich das frühere Straßenniveau des römischen Kölns gut vor Augen führen: Das Mauerstück [44] stützt hier das höher gelegene Gelände ab, das die natürliche Terrasse der römi-

Das Studentenwohnheim am Blaubach steht auf Stützen, damit die römischen Reste des Turms 37 sichtbar bleiben.

schen Stadt war. Das alte Bachbett des Duffesbachs, der nach dem Versiegen der römischen Wasserleitung eingeleitet wurde, wird heute mehrspurig von Autos befahren. Im Garagenbereich des Hauses im Mühlenbach 57 ist die Stadtmauer an mehreren Stellen sichtbar [46]. Unsere nächste Station ist das Ubiermonument [47] aus dem Jahre 4 nach Christus – es ist der älteste Steinbau nördlich der Alpen und Teil der Archäologischen Zone der Regionale 2010. Hier, an ihrer südöstlichen Ecke, schwenkt die Stadtmauer nach Norden ab. Das Fundament des Turms ruht auf einem Raster aus Eichenpfählen: Auf den Pfahlköpfen lastet die Fundamentplatte aus römischem Beton, und der über ihr aufragende Turm ist teilweise bis zu einer Höhe von sechseinhalb Metern erhalten.

Oberirdisch verschwunden: Der Ostteil

Durch die Königstraße gelangen Sie rechts über eine Treppe zum höher gelegenen Lichthof – dies verdeutlicht erneut den Höhenunterschied zwischen der Rheinseite und der mehrere Meter höher liegenden, befestigten Stadtseite. Hier befand sich das südliche Rheintor [49], durch das wohl ein Weg zu einer Schiffslandestelle führte. Direkt neben dem Tor stand das *Capitol*. Der letzte Teil dieses Rundwegs bis zum *Praetorium* ist leider wenig fußgängerfreundlich, da Sie etwas umständlich die Pipinstraße / Augustinerstraße überqueren müssen, entweder in Höhe der Sandkaul (links) oder des Heumarkts (rechts). Ihr Ziel ist der mittelalterliche „Gürzenich“, dessen zum Rhein gewandte Fassade zwei Ritterfiguren schmücken. Die Martinstraße führt Sie zur Archäologischen Zone auf dem Rathausplatz mit der *Aula Regia* und dem *Praetorium*. Die Stadtmauer verlief parallel zu Bürgerstraße und Unter Taschenmacher bis zum Turm 55, dem nordöstlichen Eckturm,

Beim Bau des Römisch-Germanischen Museums entdeckt: ein 65 Meter langes Stück der römischen Straße zum Hafen (das heutige Erscheinungsbild entspricht nicht mehr dem Original)

der sich an der Stelle der heutigen Eisenbahn-Brückenrampe befand. Zwischen dem linker Hand gelegenen Verwaltungsbau des Römisch-Germanischen Museums und dem Museumsgebäude selbst können Sie ein fünfundsechzig Meter langes Stück der Hafenstraße bewundern, das beim Bau des Museums entdeckt und an diese Stelle verlegt worden ist. Am Brunnen-Nachbau nach pompejischem Vorbild sehen Sie die Kopie eines in Köln gefundenen Wasserspeiers in Form einer Flussgottmaske. Am Turm 55 schwenkte die Stadtmauer schließlich nach Westen ab. Eindrucksvolle Mauerreste können Sie im Ausgrabungsbereich unter dem Dom besichtigen. Wenn Sie die nördliche Domfassade passieren, erreichen Sie wieder den Ausgangspunkt unseres Rundwegs – das von den Kölnern *Paffepooz* (Pfaffentor) genannte Nordtor. Der Legende nach sollen dort im Mittelalter zwei Geistliche gehängt worden sein.

Das Ubiermonument aus vorrömischer Zeit, ein massiver Quaderbau aus Tuffsteinblöcken
Blick über den Roncalliplatz auf das 1974 eröffnete Römisch-Germanische Museum

Von *CCAA* hinaus in die römische Welt

In der historischen Kulturlandschaft des Rheinlandes finden sich an vielen Stellen Überreste der ehemaligen römischen Staats- und Reichsstraßen. Sie verbanden nicht nur die rheinischen Militär- und Zivilsiedlungen miteinander, sondern hielten auch die Verbindung zum gesamten römischen Reich einschließlich dessen Hauptstadt, Rom. Rund hunderttausend Kilometer Fernstraßen gab es im gesamten *Imperium Romanum*. In der germanischen Provinz kam *Colonia* eine besondere Bedeutung zu. Die Stadt war nämlich der sogenannte *caput viarum*, der „Kopf der Straßen", von dem aus die Entfernungen zu anderen Städten gemessen wurden. Meilen- beziehungsweise Leugensteine standen in regelmäßigen Abständen an den Straßen und zeigten die Entfernungen an. Eine römische Leuge entsprach etwa 2,2 Kilometern, eine römische Meile umfasste knapp eineinhalb Kilometer. Allerdings befanden sich diese Distanzsteine nicht an allen römischen Straßen.

Via Agrippina

Zwei Hauptstraßen begannen in Köln: die *Via Agrippina* und die *Via Belgica*. Die *Via Agrippina* führte von Köln über Trier bis nach Marseille. Sie stellte aber auch eine weitere Verbindung zum Heimatland Italien dar, da der kürzere Weg über die Alpen wegen der langen,

Von Köln aus verliefen die Straßen schnurgerade durch das römische Reich.

schneereichen Winter viele Monate im Jahr nicht passierbar war. Die *Via Agrippina* begann am südlichen Westtor (Tor 27) und verlief in südwestlicher Richtung. Der Straßenverlauf entspricht im Großen und Ganzen noch heute der nach Zülpich führenden Luxemburger Straße, die bis nach Hürth schnurgerade angelegt ist.

Via Belgica

Die *Via Belgica* begann am mittleren Westtor (Tor 23), das in römischer Zeit in einer Bodensenke lag. Grabungen zeigen, dass das Westtor wie das heute am Dom stehende Nordtor drei Torbögen besaß: Den Mittelbau rahmten zu beiden Seiten quadratische Türme ein. Die Trasse der *Via Belgica*, die über Jülich und die holländische Stadt Rimburg bis nach Boulogne-sur-Mer führte, bildete die Grundlage für die heutige Aachener Straße. Zunächst durchquerte sie dicht besiedelte Vororte unmittelbar außerhalb der römischen Stadtmauer, dann ein Gräberfeld und anschließend landwirtschaftliche Ansiedlungen. Nach knapp neun Kilometern, im heutigen Köln-Weiden, passierten Reisende ab Mitte des 2. Jahrhunderts eine Grabstätte: Diese römische Familiengrabkammer gilt heute als die besterhaltene nördlich der Alpen.

Mehr über diese beiden Römerstraßen und die sie betreffenden Projekte der Regionale 2010 können Sie in **Entlang der Erft (Bd. 5)** erfahren.

Blick in die Grabkammer Köln-Weiden

Leugensteine markierten die römischen Straßen – hier eine Leugensteinkopie nahe Zülpich.

Die Archäologische Zone – *Praetorium* und mehr

Im Herzen Kölns soll ein siebentausend Quadratmeter umfassendes archäologisches Museum entstehen, doch bereits heute können Sie die Überreste des antiken Statthalterpalastes und eines der bedeutendsten jüdischen Viertel des Mittelalters entdecken. Dieser rund dreistündige Weg entführt Sie hauptsächlich in den Untergrund und lässt sich darum gut für schlechtes Wetter einplanen. Erkunden Sie die Spuren römischer und mittelalterlicher Zeit, die erahnen lassen, wie mächtig das alte Köln einst war.

Was können Sie hier tun und erleben?

Unter dem gotischen Dom können Sie seinen Vorgängerbauten nachspüren, die auf dem römischen Wohnviertel der *Colonia* errichtet worden waren. In über tausendzweihundert Jahren wurde das Gelände des heutigen Domstandortes immer wieder aufgehäuft und neu bebaut, bis das heutige Niveau des Dombodens von fünfundfünfzig Metern über dem Meeresspiegel erreicht war. Otto Doppelfeld ist es zu verdanken, dass nach dem Zweiten Weltkrieg eine der größten archäologischen Ausgrabungen der Kölner Geschichte unter dem Dom ausgeführt wurde. Doppelfeld verdanken wir ebenfalls das *Praetorium* genannte Ausgrabungsgelände unter dem Spanischen Rathaus, einem Nachkriegsbau. Die Archäologische Zone umfasst außerdem das Areal vor dem Alten Rathaus, einschließlich der *Mikwe*: Im Zuge der Ausgrabungen stieß man 1956 auf dieses rituelle jüdische Bad. Erst seit 2007 sind auch die Reste des jüdischen Hospitals unmittelbar unter der alten Laube des Rathauses zu besichtigen, allerdings nur im Rahmen von Sonderführungen und Veranstaltungen. Seit jenem Jahr werden vor dem Rathaus neue Grabungen durchgeführt.

Anfahrtspunkt:
Kölner Dom

Parkmöglichkeiten:
Tiefgarage am Dom oder andere benachbarte Tiefgaragen

Anreise mit ÖPNV:
U-Bahn-Linien 5, 16 und 18,
Haltestelle Dom/Hauptbahnhof

Die Karte zu dieser Tour finden Sie auf S. 19.

< *Blick in die jüdische* Mikwe *auf dem Rathausplatz. Dieses rituelle Tauchbad ist rund achthundert Jahre alt.*

Unter dem Kölner Dom

Nach den verheerenden Bombenangriffen des Zweiten Weltkriegs ragte nur noch der Kölner Dom aus der Ruinenlandschaft. Allerdings war auch er mitgenommen: Bomben hatten das Langhaus verwüstet und eine Turmecke beschädigt. Ende Oktober 1945 fasste das Domkapitel den Beschluss, unter dem Dom Ausgrabungen vorzunehmen. Ein Dreivierteljahr später entdeckte Otto Doppelfeld im zerstörten Langhaus die Westap-

Bei Ausgrabungen unter dem Kölner Dom wurde diese römische Fußbodenheizung entdeckt.

sis des Alten Doms, später auch die Ostapsis. Im Laufe der Jahre – als der Chor und das Langhaus des Doms wiederhergestellt waren – wurden eine Kirche aus dem 7. Jahrhundert, fränkische Gräber und römische Mauern entdeckt. Und natürlich immer neue Bauphasen der alten Bischofskirche.

Um einen Einblick in die Unterwelt des Doms zu erhalten, müssen Sie sich einer öffentlichen Führung anschließen (siehe Inforaum S. 40). Die eineinhalbstündige Tour geleitet Sie durch die unterirdischen Zeugnisse der Dombaugeschichte, wozu auch Fundamente der Chorpfeiler, die Fußbodenheizung eines römischen Gebäudes und ein spätrömischer Brunnen gehören.

Das *Praetorium*

Das *Praetorium* war zunächst der römische Statthalterpalast und nach der Vertreibung der Römer durch die Franken zeitweilig auch der fränkische Königssitz. Warum von dem Gebäude keine oberirdischen Reste erhalten sind, fällt noch ins Reich der Spekulationen: Manche Archäologen meinen, der Palast sei bei einem Erdbeben zerstört worden, während andere davon ausgehen, dass er seine Funktion einbüßte und schlicht und einfach als Baumaterial für Neubauten in der Stadt Verwendung fand. Faszinierend ist jedoch der Gedanke, dass von derselben Stelle des jahrtausendealten Verwaltungssitzes auch heute noch die Stadt Köln „regiert" wird.

Acht verschiedene Standorte im *Praetorium* helfen, den Palast in der Fantasie wieder erstehen zu lassen. Mithilfe von Wandfotos und Erläuterungstafeln lassen sich die zum Teil mannshohen, raffiniert beleuchteten Mauern den einzelnen Gebäudeteilen zuordnen. Den Rundgang durch den Ausgrabungsbereich beginnen Sie beim Modell des Statthal-

Die Überreste des Praetoriums *unter dem Spanischen Rathaus sind Teil der Archäologischen Zone; im Vordergrund das Modell des* Praetoriums.

terpalastes. Es zeigt den Bauzustand der vierten und letzten Bauphase im 4. Jahrhundert nach Christus: zwei Seitentrakte, zwei Apsidensäle mit Vorhallen an der Seite der *Porticus*-Galerie und das hohe Oktogon. Das Gebäude wurde mehrfach in Richtung Rhein erweitert und die unterschiedlichen Bauabschnitte sind noch heute gut an den Mauerresten abzulesen. Die schräg verlaufende Baufuge in der Mauer 101 lässt zum Beispiel den Rückschluss zu, dass hier zwei Bauphasen aneinanderstoßen. Weil die Fundamente der beiden Mauerabschnitte aus unterschiedlichen Materialien bestehen, hat sich die Wand gesenkt und den Riss gebildet.

Die römischen Abwasserkanäle

Vom Eingang des *Praetoriums* aus gelangen Sie auch in den römischen Kanal unter der Budengasse – den einzig erhaltenen begehbaren Kanal. Einige Stellen wurden verändert oder repariert, im Großen und Ganzen ist dieser fast zehn Meter unter der Straße liegende Kanal jedoch intakt. Ein knapp fünf Meter langes Teilstück fehlt, weil es einem modernen Abwasserkanal weichen musste – es steht heute an der Straßenecke Unter Goldschmied und Budengasse. Von West nach Ost senkt sich die Kanalsohle um einen Meter, an Höhe verliert der Kanal einen halben Meter. Von der Treppe aus, die über den modernen Kanal führt, können Sie über hundert Meter durch den antiken Kanal spazieren.

Ein unter der Hafenstraße gefundenes Kanalstück ist heute im äußeren Ausstellungsbereich des Römisch-Germanischen Museums direkt neben der Hafenstraße zu sehen. Außerdem ist ein Stück der Vorgebirgsleitung, das man in der Bachstraße im Kölner Stadtteil Hürth-Hermülheim fand, neben dem Museum für Angewandte Kunst in der Innenstadt ausgestellt. In Hürth-Hermülheim selbst ist ein Stück Wasserleitung zu

sehen, dass an der dortigen Realschule ausgegraben und mit einem Schutzbau umgeben wurde.

Die Ausstellung der Funde

Die Ausgrabungszone auf dem Rathausplatz bringt immer neue und mitunter recht überraschende Funde hervor. Teile der Synagoge und der umgebenden Bebauung bis zur ehemaligen Jerusalemsgasse können inzwischen besichtigt werden. Auf dem Platz vor dem Wallraf-Richartz-Museum (WRM) förderten Ausgrabungen eine ganze mittelalterliche Häuserreihe sowie Überreste ihrer römischen Vorgängerbauten zutage. Je nach Stand der Grabung und des geplanten Museumsbaus können Sie diesen Teil der Archäologischen Zone entweder bei einer Führung durch die Ausgrabungen oder im Museum entdecken.

Blick in einen der römischen Abwasserkanäle Kölns

Die jüdische Mikwe *auf dem Rathausplatz wird durch ein gläsernes Dach geschützt.*

Regionale 2010 Archäologische Zone

Mitten im Herzen Kölns stoßen Sie an einem geschichtlich herausragenden Ort auf das Regionale 2010-Projekt „Archäologische Zone“: Im Bereich des Historischen Rathauses, dessen Wurzeln bis ins Mittelalter zurückreichen, befinden sich auch die Überreste des römischen Statthalterpalastes, des *Praetoriums*. Hier hielten die Merowinger Hof, und hier entstand eines der bedeutendsten jüdischen Viertel Europas. Ein Museum soll nun das rund siebentausend Quadratmeter umfassende Grabungsareal erlebbar machen und die Stadt um eine Attraktion bereichern.

Bis zum Zweiten Weltkrieg war die Fläche westlich des Rathauses dicht bebaut, doch nachdem die Gebäude zerstört waren, entstand hier ein städtischer Platz. In den 1950er-Jahren legte der Archäologe Otto Doppelfeld eine ganze Reihe historischer Zeugnisse frei: Ein Abschnitt des damals entdeckten *Praetoriums* ist unter dem „Spanischen Bau“ heute öffentlich zugänglich, andere Bereiche jedoch noch nicht. Im neuen Museum soll das *Praetorium* als Ganzes zu sehen sein, dazu das jüdische Viertel mit Hospital, *Domus Lyvermann*, Bäckerei und Warmbad. Das Rathaus wird ebenfalls Teil der Ausstellung, einschließlich des Kellers unterhalb des gotischen Rathausturms, des Löwenhofs und des sogenannten „Plasmann'schen Kellers“. Insgesamt sollen die Besucher so eine historische Reise vom 1. bis ins 16. Jahrhundert erleben können.

Zweitausend Jahre unter einem Dach

Ziel des Projektes ist, in einem einzigartigen Museum ober- *und* unterirdisch die Geschichte des Ortes in einem ganzheitlichen Ansatz und in Ergänzung zum Römisch-Germanischen Museum und Stadtmuseum zu zeigen. Damit soll ein Bauwerk geschaffen werden, das den Bewohnern

Kölns die Identifikation mit ihrer Region ermöglicht und gleichzeitig auswärtigen Besuchern Glanz, Macht und Reichtum, aber auch die Schattenseiten der Kölner Geschichte vermittelt. Mit diesem nördlich der Alpen einmaligen Ensemble wird ein neuer Höhepunkt im Bereich unterirdisch zugänglicher Stätten geboten: Die historische Stadtentwicklung soll durch eine multimediale Präsentation anschaulich, lebendig und zeitgemäß erfahrbar gemacht werden. Im Mittelpunkt stehen vier Hauptthemen und ihre räumlich-zeitlichen Wechselbeziehungen: der römische Statthalterpalast, der fränkische Königssitz, das mittelalterliche Rathaus und das jüdische Quartier. Die „roten Fäden" sind dabei der Wandel des Verwaltungszentrums und der Herrschaft, die jüdische Geschichte sowie die topografische Entwicklung und Architektur des Ortes.

Den Wettbewerb um die Gestaltung des Museums gewann das Saarbrücker Architekturbüro Wandel Hoefer Lorch + Hirsch, dessen Entwurf das künftige Jüdische Museum und die Einhausung der Archäologischen Zone vereint. Man kann bereits heute sagen, dass das geplante Museum auch auf überregionaler Ebene einmalig sein wird.

Große Teile der Synagoge werden unter dem Grabungszelt konserviert.

Das südliche Grabungsareal legt romanische und gotische Grundmauern frei.

TOURISMUSINFORMATION
KölnTourismus
Kardinal-Höffner-Platz 1 (gegenüber dem Hauptportal des Doms),
50667 Köln
Tel. 0221 / 221-304 00
www.koelntourismus.de
Mo–Sa 9–20 Uhr, So, feiertags 10–17 Uhr

Archäologische Zone
Verwaltung
Heumarkt 64–66, 50667 Köln
Tel. 0221 / 221-334 22
www.museenkoeln.de/archaeologische-zone
www.regionale 2010.de

HEREINGESCHAUT!
Ausgrabung unter dem Dom
Dombauverwaltung
Roncalliplatz 2, 50667 Köln
Tel. 0221 / 179 40-555 (Mo–Do 10–13 Uhr)
Führungen täglich (außer Di, Do) 15 Uhr, Treffpunkt: Kasse der Turmbesteigung, keine Anmeldung erforderlich,
Dauer: ca. 90 Minuten
Eintritt: € 10,00
Mindestalter der Teilnehmer: 16 Jahre

Grabkammer Weiden
Aachener Str. 1328,
50859 Köln-Weiden
Tel. 02234 / 733 99
www.stadt-koeln.de/buergerservice/adressen/00081/
Di–Do 10–13 Uhr, Fr 10–17 Uhr, Sa, So 13–17 Uhr, feiertags / Ferien zeitweise geschlossen
Gruppen werden um Anmeldung gebeten

Mikwe
Unter Goldschmied (Rathausplatz),
50667 Köln
Tel. 0221 / 221-223 94
www.museenkoeln.de/archaeologische-zone
Di–So 10–17 Uhr
Eintritt: frei
Schlüssel erhalten Sie an der Kasse des *Praetoriums*
Da die *Mikwe* nur eine begrenzte Anzahl von Personen aufnehmen kann, wird eine Reservierung dringend empfohlen
Barrierrefreiheit: Für Rollstuhlfahrer nicht und für gehbehinderte Menschen nur mit Einschränkungen zugänglich

Turm 37 wurde kurz nach dem Zweiten Weltkrieg entdeckt – das Studentenheim baute man später auf Stützen, damit die römischen Reste sichtbar blieben.

Praetorium **und römischer Abwasserkanal**
Zugang über Kleine Budengasse 2,
50667 Köln
Tel. 0221 / 221-223 94
www.museenkoeln.de/
archaeologische-zone
Di–So 10–17 Uhr, jeden 1. Do im Monat
10–22 Uhr
Eintritt: € 2,50, erm. € 1,50
Gruppen werden um Anmeldung gebeten
Barrierrefreiheit: Das *Praetorium* ist für Personen mit körperlichen Behinderungen und Rollstuhlfahrer zugänglich; der Abwasserkanal ist für Rollstuhlfahrer nicht und für gehbehinderte Menschen nur mit Einschränkungen zugänglich

Römisch-Germanisches Museum
Roncalliplatz 4 (Dom), 50667 Köln
Tel. 0221 / 221-244 38 oder -245 90
www.museenkoeln.de/roemisch-germanisches-museum
Di–So 10–17 Uhr, jeden 1. Do im Monat
10–22 Uhr
Eintritt: € 8,00, erm. € 5,00,
Kostenlose Führung: So 11.30 Uhr
Freien Eintritt, Ermäßigungen und Führungen bitte telefonisch erfragen oder auf der Website nachsehen

WAHRHAFT WEHRHAFT
Ubiermonument
An der Malzmühle 1,
50667 Köln
Tel. 0221 / 221-223 94
www.museenkoeln.de/
archaeologische-zone
Di–So 10–17 Uhr
Eintritt: frei
Gruppen werden um Anmeldung gebeten
Schlüssel erhalten Sie an der Kasse des *Praetoriums*
Barrierrefreiheit: Für Rollstuhlfahrer nicht und für gehbehinderte Menschen nur mit Einschränkungen zugänglich

Digitale Rekonstruktion des römischen Praetoriums

Erlebnisraum Das mittelalterliche Köln

Eine Zeit des Umbruchs

Mit dem Mittelalter verbinden wir heute meist Vorstellungen von Rittertournieren, Kampfeslust, Kreuzzügen, Hexenverbrennungen, Armut und Pest – möglicherweise noch den Minnesang, aber im Großen und Ganzen nicht gerade positiv besetzte Bilder. Tatsächlich war dieser Zeitraum zwischen dem 6. und 15. Jahrhundert aber eine sehr vielschichtige Periode, eine Zeit des Umbruchs. Nach dem Ende der römischen Herrschaft in Westeuropa im ausgehenden 5. Jahrhundert war die Gesellschaft zunächst vom Verfall bedroht: Die Menschen litten unter der Barbarei, fehlender Rechtsprechung und wirtschaftlichem

Im Mittelalter schützte sich Köln mit einer wehrhaften Stadtmauer vor feindlichen Angriffen – hier ein Rest am Salierring.

Stillstand. Dem Merowingerkönig Chlodwig I. gelang dann zu Beginn des 6. Jahrhunderts die Einigung der zerstrittenen fränkischen Stämme, und die Kaiserkrönung des Franken Karls des Großen an der Schwelle zum 9. Jahrhundert gilt als Wendepunkt vom „finsteren Mittelalter“ zur Feudalzeit. Doch neben der Kirche, der in diesen Jahrhunderten ebenfalls eine wesentliche Rolle zukam, wurde auch die weltliche Stadtherrschaft zunehmend gefestigt. In Köln, das unter Karl dem Großen Sitz eines Erzbischofs geworden war, stand der Kirche ein erstarktes Bürgertum gegenüber, das durch Handel und Handwerk steigenden Wohlstand und wachsenden Einfluss auf das städtische Leben erlangte. Gilden und Zünfte bildeten sich, und als Ausdruck ihrer Macht errichteten die reichen Patrizier um 1135 in Köln ihr eigenes Rathaus, das als das erste Rathaus Deutschlands gilt. Zum Schutz vor Angriffen umgaben die Kölner 1180 bis 1259 ihre Stadt außerdem mit einer gewaltigen Befestigungsmauer, die Köln in den folgenden Jahrhunderten des Spätmittelalters uneinnehmbar machte.

Wohlstand durch Handel

Kölns zunächst verhaltener, dann jedoch rapider Aufstieg zu einer der mächtigsten Städte Europas hatte mehrere Ursachen. Ein Teil des wirtschaftlichen Aufschwungs war der Überführung der Gebeine der Heiligen Drei Könige aus Mailand nach Köln zu verdanken. Mit diesem Schachzug setzte Erzbischof Rainald von Dassel 1164 einen jahrhundertelang nicht enden wollenden Pilgerstrom in Gang, der vielen Menschen Einkünfte verschaffte – nicht nur der Kirche. Das Stapelrecht, das Konrad von Hochstaden der Stadt Köln im Jahr 1259 verlieh, war ein weiterer wichtiger Faktor, der zum Erstarken des Bürgertums beitrug. Das Recht bestimmte, dass jeder Kaufmann, der seine Waren mit dem

Relief aus dem 14. Jahrhundert zur Erinnerung an die Schlacht an der Ulrepforte

Schiff oder auf dem Landwege nach Köln brachte, diese zunächst drei Tage lang Zwischenhändlern zum Verkauf anbieten musste. Die auf Schiffen gelagerten Güter wurden ausgeladen und in entsprechenden Hallen gestapelt – natürlich nicht unentgeltlich, und so verdienten wiederum viele Kölner daran. Auf diese Weise gelangten Waren aus aller

Von Bürgern für Bürger: das Kölner Rathaus als Kupferstich von 1655

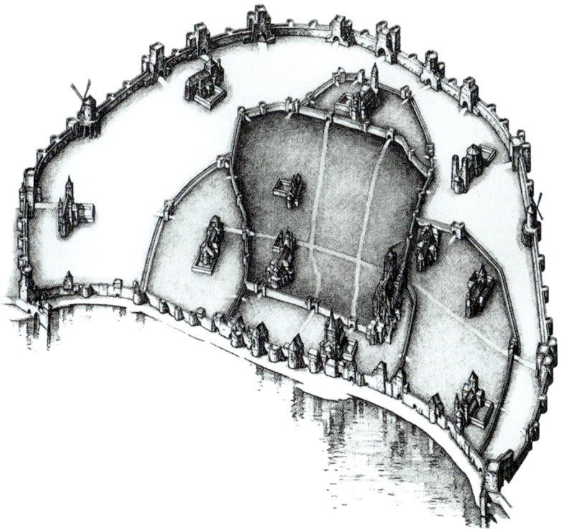

Herren Länder hierher, wie zum Beispiel Gewürze, feines Tuch, Töpferwaren, Wein oder Metalle, und die Stadt entwickelte sich zur Handelsdrehscheibe des Westens. Schwerpunktmäßig trieb man Handel mit Dänemark, England und den Niederlanden. Durch seinen Erfolg mit dem Handwerk und dem Handel gewann das Kölner Bürgertum im Laufe der Jahrhunderte eine solche Macht, dass offen ausgetragene Konflikte mit der Geistlichkeit nicht ausblieben. Die Auseinandersetzungen darüber, wer in der Stadt den Ton angeben durfte, endeten im Frühsommer 1288 in der Schlacht von Worringen, aus der die Patrizier als Sieger hervorgingen. Der Erzbischof verlor damals jeglichen Einfluss auf die weltlichen Belange der Stadt, blieb aber weiterhin Oberhaupt des Erzbistums. Die reichen Kölner Patrizierfamilien wiederum dokumentierten in der Folgezeit ihre Position mit prunkvollen Bauten wie dem Gürzenich (dem Tanz- und Festhaus der Ratsherren) und den Bürgerhäusern sowie dem Overstolzenhaus. Vom Rat der Freien Reichsstadt Köln ging dann auch die Initiative aus, eine Universität zu gründen und die Kosten für den Lehrbetrieb von der Stadt tragen zu lassen – eine revolutionäre Entwicklung, denn bis zu diesem Zeitpunkt wurden Universitäten üblicherweise auf Wunsch des Kaisers, eines Landesfürsten oder der Kirche etabliert. Im Frühjahr 1388 überreichte der Papst in Perugia den Kölner Gesandten die Gründungsurkunde, und rund ein Jahr später nahm die Hochschule bereits den Unterricht auf.

Dat hillije Kölle

Ausländische Besucher waren beeindruckt von der Größe Kölns, das sich auf einem Hügel ohne Vorstädte und wehrhaft gesichert den Reisenden präsentierte. Der Dom dominierte die Kölner Silhouette: 1248 war der Alte Dom abgerissen und abgebrannt und der Grundstein für den neuen

Darstellung der Stadterweiterungen: die römische Kernstadt in der Mitte, St. Aposteln und Bereiche des Rheinufers im zweiten Schritt, die große Stadtmauer zum Abschluss

Dom gelegt worden – nach knapp dreißig Jahren weihte Albertus Magnus bereits den Altar der Domsakristei. Das hohe Tempo des Dombaus hielt jedoch nicht an, und um 1530 wurden die Bauarbeiten aus Geldmangel und Desinteresse eingestellt. Über dreihundert Jahre lang prägte nun der halbfertige und dennoch gewaltige Bau mit dem markanten Kran auf dem begonnenen Südturm zeitgenössische Darstellungen des Stadtbilds – bis Mitte des 19. Jahrhunderts innerhalb von knapp vierzig Jahren der Dom schließlich doch noch fertiggestellt wurde. Das Kölner Motto *Et kütt, wie et kütt* (Es kommt, wie es kommt) bedeutete in diesem Falle 632 Jahre Bauzeit für eine Kirche – eine stolze Zahl. Viel reibungsloser war im Vergleich der Bau der romanischen Kirchen verlaufen: Der Kranz aus zwölf Kirchen wurde bereits im 11. Jahrhundert vollendet, also noch vor Baubeginn des Doms. Im 17. Jahrhundert soll es in Köln so viele Kirchen wie Tage im Jahr gegeben haben, und dies sogar nur auf dem heute zur Altstadt zählenden Bereich. Das *hillije Kölle* trug seinen Namen durchaus zu Recht.

Alltagsleben bis zur Neuzeit

So handelstüchtig die Kölner waren, so wenig kümmerten sie sich zunächst um Hygiene, intakte Straßen oder Abwasserleitungen – in dieser Hinsicht waren die Römer entschieden fortschrittlicher gewesen. Auf der untersten Stufe der Hierarchie standen im Mittelalter die „Goldgräber", die die Latrinen leerten und die Kloaken reinigten. Da viele Menschen auf engem Raum lebten, brachen immer wieder Krankheiten wie Pest und Cholera aus. Eine Vielzahl von Bettlern und Prostituierten bevölkerte die Stadt. Das tägliche Leben war bestimmt von der handwerklichen Arbeit des Großteils der Bevölkerung: Die Weber fertigten das Kölner Tuch, Bäcker, Fleischer und Brauer sorgten dafür, dass es

Groß St. Martin auf einer Miniatur aus dem 17. Jahrhundert

ausreichend Nahrung gab, die Arbeiten der Gold- und Silberschmiede genossen in ganz Europa hohes Ansehen. Vor allem für den Export arbeiteten die Waffenschmiede, die sich unterteilten in Harnischmacher, Schildmacher, Schwertfeger, Lanzenmacher und Büchsenmacher. Dachdecker und Zimmerer und artverwandte Zünfte sorgten für Neubauten in der Stadt. Auf dem Heumarkt wurden Festspiele veranstaltet, die zahlreichen Wirtshäuser und Schenken waren mehr als gut besucht – und alljährlich an Weiberfastnacht feierten die Menschen selbstverständlich den Karneval. Mitte des 14. Jahrhunderts fand der Begriff *Fastelovend* erstmals Erwähnung.

Zweihundert Jahre Stillstand

Nach dem turbulenten Spätmittelalter folgte für Köln eine ruhige Phase. Hierfür gab es mehrere Gründe: Nach der Entdeckung Amerikas wurde der Seehandel immer wichtiger, dafür verlor der Binnenhandel und damit auch der Handel über den Rhein an Bedeutung – die Nachfolge der Binnenhäfen traten nun die Hafenstädte an den Küsten an. Auch Glanz und Gloria barocker Baukunst, wie sie in den Nachbarstädten Kölns, Brühl und Bonn, zu finden sind, fehlen hier, denn es gab in Köln weder eine Adels- noch eine höfische Schicht. Einen Teil des verblassenden Ruhms hatten sich die Kölner jedoch auch selbst zuzuschreiben: Nachdem sie 1424 die Juden endgültig aus der Stadt vertrieben hatten, fehlte ein Großteil fähiger Händler und Handwerker. Im 16. Jahrhundert wehrten sie die Reformation erfolgreich ab und verboten den evangelischen Christen den Zugang zur Stadt – doch auch diese waren ungemein fähige Händler, die bis dahin zum Erfolg der Freien Reichsstadt Köln beigetragen hatten. Erst die Besetzung durch die Franzosen Anfang des 18. Jahrhunderts sollte wieder neuen Schwung in das Kölner Stadtleben bringen.

Im Hinterhaus der Rechtschule wurden juristische Vorlesungen gehalten (Zeichnung von 1840)

Via Sacra: Eine „heilige" Straße, die es nicht mehr gibt – oder eher _noch_ nicht gibt

Die antike *Via Sacra* ist die alte Hauptstraße Roms, die das *Forum Romanum* durchzog: Dort fanden die wichtigsten heiligen und politischen Zeremonien statt. Kölns Stadtplaner Rudolf Schwarz griff 1950 diesen Begriff auf und beschrieb damit den Bogen, der den Kölner Stadtkern umspannt. Seine *Via Sacra* bezieht sich auf die ehemaligen mittelalterlichen Stifte zwischen der bogenförmigen mittelalterlichen und der rechteckigen römischen Stadtmauer. Auf dem *Via Sacra* benannten Weg, den Sie auf den folgenden Seiten finden, können Sie beeindruckende mittelalterliche Kirchen besichtigen, aber ebenso ihr städtisches Umfeld erleben.

Straßennamen erzählen

Noch heute künden die mittelalterlichen Straßennamen von den Berufen, die an bestimmten Orten ausgeübt wurden, oder sie beschreiben einfach die Funktion, die die Straße hatte, wie etwa die Trankgasse, durch die Pferde zur Tränke geführt wurden. Straßennamen zeigen ebenfalls, welche Familien so bedeutend waren, dass sie zum Namensgeber wurden – wie zum Beispiel der Großgrundbesitzer Markmanus für die Markmannsgasse. Sie sind aber auch ein Indiz für Spitzfindigkeit und Humor, sodass sich ihre wahre Bedeutung ohne historische Kenntnis heute nicht mehr erschließen lässt. Lassen Sie sich auf dem zweiten Weg, der in diesem Erlebnisraum vorgestellt wird, in längst vergessene Zeiten zurückversetzen.

Geschäftiges Treiben auf dem Alter Markt im 17. Jahrhundert

Der Kupferstich aus dem Jahre 1798 zeigt den damaligen Zustand des Doms.

Eigelsteintor
Thürmchens-
wall
MediaPark
Weiden-
wall
Gereons-
Ritterstr.
B 9
Dagobert-
str.
St. Kunibert
Konrad-Adenauer-Ufer
Kunibertsg.
Eigelstein
Turiner Str.
Hansaring
Eintracht-
str.
g.
Machabäerstr.
St. Ursula
Ziel
Kyotostr.
Ursulapl.
Ursulastr.
Maximin-
str.
Victoria-
str.
Kardinal-
Frings-Str.
Johannisstr.
Am Alten Ufer
B 51
Christophstr.
Gereonstr.
St.
Gereon
str.
Mohren-
Norbertstr.
Börsen-
platz
str.
Breslauer
Platz
Goldgasse
Start
Straßennamen
Haupt-
bahnhof
Katten-
bug
St. Andreas
Komödienstr.
Hohenzollern-
brücke
Zeughausstr.
Burgmauer
Dom
Mus. Ludwig
Philharmonie
Römerturm
Roncalli-
pl.
RGM
Rhein
St.-Apern-Str.
Albertus-
str.
Projektraum:
Archäologische Zone
Am Hof
Kl.
Budeng.
Bechergasse
Gr. Neug.
Mühleng.
Breite Str.
Gertrudenstr.
Apostel-
str.
Glockeng.
Oper
Theater
Brüderstr.
Turis-
Krebs-
g.
Praetorium
Alter
Markt
Groß St. Martin
Rathaus
Brückenstr.
Lintg.
Butter-
markt
Marspl.
Heu-
markt
Martin-
str.
WRM
St. Aposteln
Neumarkt
Schilder-
gasse
Antoniterkirche
Gürzenich
Gürzenichstr.
Markmannsg.
Deutzer
Brücke
Hahnenstr.
Ziel
Nord
Sand
kaul
Gr.
Stadthaus
Augustinerstr.
Pipinstr.
Am
Leystapel
Cäcilien-
str.
Lungeng.
Museum
Schnütgen
St. Maria
im Kapitol
An der
Malzmühle
Mauritius-
Clemensstr.
Bobstr.
Bayardsg.
St. Peter
Sterneng.
Rheing.
Overstolzenhaus
Filzengraben
Süd-Fahrt
Neuköllnstr.
str.
St. Mauritius
Alexianer-
str.
Agrippa-
Mühlenbach
Trinitatisk.
Malakoffturm
Huhnsg.
Kl. Griechen-
markt
Str.
Waid-
markt
St. Maria Lyskirchen
Schokoladen-
museum
steinweg
bach
Tel-Aviv-
St. Georg
Holz-
markt
Blau-
B 55
Rothgerberbach
Perlengraben
Severinsbr.
Am
Weidenbach
Str.
St. Pantaleon
gasse
Severinstr.
Trierer Str.
Waisenhaus-
Am Trutzenberg
Vor den Siebenburgen
St. Maria vom Frieden
B 51
Rheinauhafen
Ulrich-
gasse
Kartäuserwall
Sachsen-
N
Jakobstr.
Krankenhaus
Kartäusergasse
Eifelstr.
Kartäuserkloster
Kartäuserhof
Dreikönigen-
str.
0
250
m
St. Severin
Kartäuser-
ring
Severinstr.
Severins-
kirchpl.
Start
Volks-
garten
Volksgartenstr.
B 9
Via Sacra
wall
Chlodwigplatz

„Ganz deutlich hebt sich der mittelalterliche Mauerring hervor, der den Stadtkern weit draußen umzog und ihm so einen breiten Gürtel von Obst- und Weingärten beifügte, in dem, an einer Via Sacra aufgereiht, die großen Stifte lagen."
Rudolf Schwarz

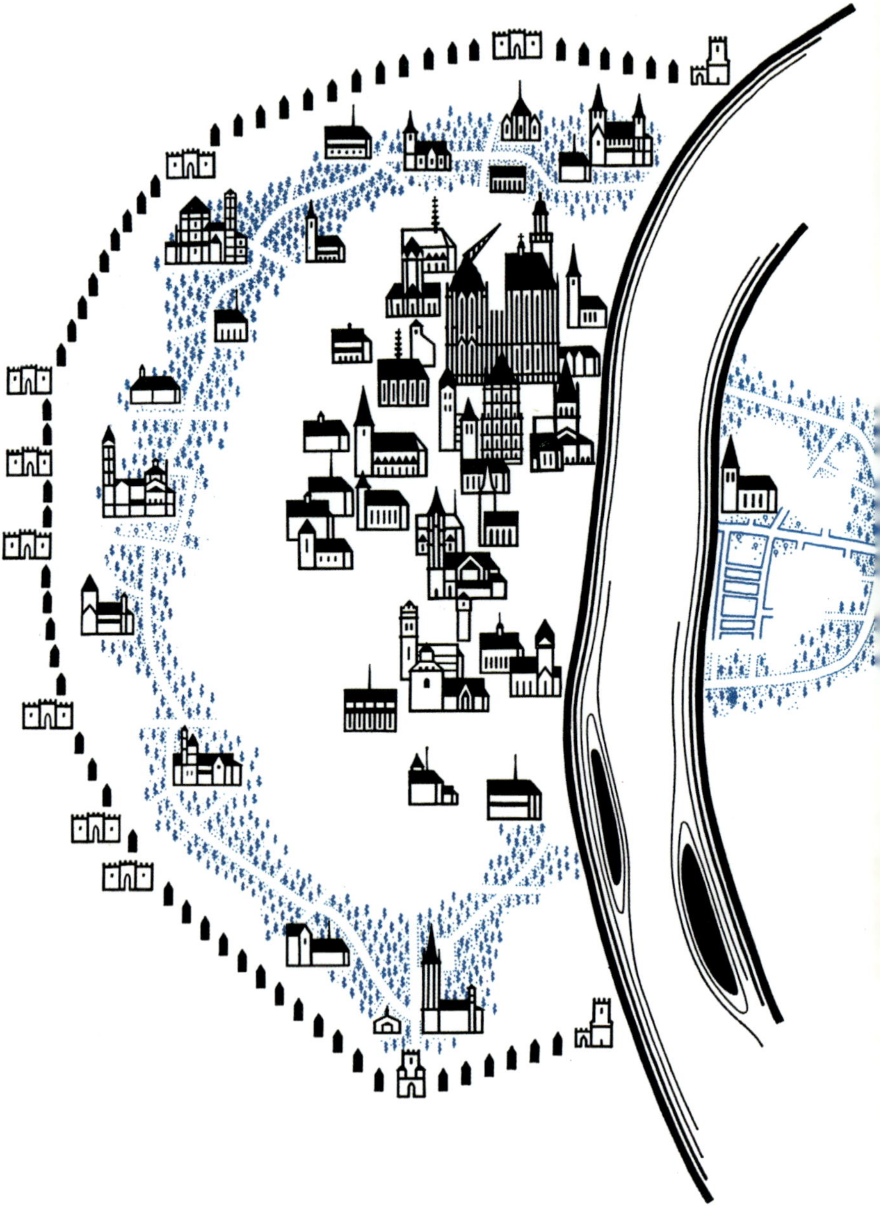

Via Sacra: Eine „heilige“ Straße

Die Kölner *Via Sacra* beginnt bei der Kirche St. Severin im Süden und endet bei St. Kunibert im Norden. Kölns Stadtplaner Rudolf Schwarz griff 1950 diese Bezeichnung auf, um das Augenmerk von der römischen Kernstadt abzulenken und auf das Stadtgebiet des Mittelalters zu richten. Es ging ihm aber auch darum, im kriegszerstörten Köln ein Bewusstsein für die historische Verantwortung für diese Zeit zu schaffen. Die Kunsthistorikerin und langjährige Kölner Stadtkonservatorin Hiltrud Kier nahm diesen Gedanken ein gutes halbes Jahrhundert später wieder auf und beschrieb die Basis der Kölner *Via Sacra* sowie die einzelnen Stationen. Kiers Vorschläge bilden die Grundlage des nun folgenden Weges, wobei wir noch den einen oder anderen Abstecher nach links und rechts ergänzen werden.

Was können Sie hier tun und erleben?

Erleben Sie auf diesem Weg bedeutende Kirchen und eindrucksvolle Überreste des mittelalterlichen Kölns wie die drei Stadttore Severinstor, Hahnentor und Eigelsteintor. Sie finden das Griechenmarktviertel, ein lebendiges Wohnviertel aus den 1950er Jahren, an der Stelle ehemals mittelalterlicher Bauten, und – auch das gehört zu Köln – Sie werden auf städtebauliche Sünden stoßen, die eher zu einer *Via Lacrima*, also einer Straße der Tränen, passen würden.

Anfahrtspunkt:
Severinstor in der Kölner Südstadt
Parkmöglichkeiten:
Kostenpflichtige Parkbuchten am Ubierring, Karolingerring oder in der Merowingerstraße
Anreise mit ÖPNV:
U-Bahn-Linien 15 (Richtung Chlodwigplatz) oder 16 (Richtung Bonn/Wesseling)
Buslinien 132 (Richtung Meschenich) oder 133 (Richtung Zollstock/Südfriedhof)
Rückfahrt von St. Kunibert, falls gewünscht: U-Bahn-Linie 16 ab Hauptbahnhof

Die Karte zu dieser Tour finden Sie auf S. 49.

Die Basis des Rundgangs bildet die Via Sacra *gemäß der Interpretation von Rudolf Schwarz.*

Via Sacra: Eine „heilige“ Straße

Vom Severinstor zu St. Pantaleon

Falls Sie sich für diesen Weg mit einem Frühschoppen stärken möchten, so finden Sie direkt neben dem Severinstor eine Dépendance einer traditionellen Kölsch-Brauerei. Doch nun zur Kölner *Via Sacra*: Hinter dem Severinstor beginnt die Severinstraße, die im Frühjahr 2009 traurige Berühmtheit erlangte. Im Zuge von U-Bahn-Bauten stürzte damals das Historische Archiv der Stadt Köln ein: Zwei Menschen kamen dabei ums Leben, wertvolle Archivbestände wurden vernichtet und unzählige Dokumente schwer beschädigt.

Das Severinstor in der Kölner Südstadt

Die Kirche St. Severin prägt das Panorama auch von der Rheinseite her.

Rechter Hand erreichen Sie nach rund hundert Metern den schönen, schlichten Severinskirchplatz, auf dem mehrmals in der Woche ein Bio-Markt stattfindet. Zu diesen Zeiten ist hier und in den Gassen um die Kirche das typische Südstadtflair dieses *Veedels*, wie die Kölner ihre Stadtviertel nennen, besonders spürbar. Da werden beim Einkauf ausführlich Neuigkeiten ausgetauscht, man genießt einen Milchkaffee und lässt sich treiben.

Der Kernbau der ehemaligen Herrenstiftskirche St. Severin, eine Kapelle, wurde auf einem römischen Gräberfeld im 4. Jahrhundert errichtet. Im Jahre 984 wurde dann ein Neubau geweiht, der auch die Ausrichtung nach Westen aufhob – seitdem liegt die Apsis gen Osten gewandt. Durch vielfache Umbauten und Erweiterungen veränderte die Kirche St. Severin immer wieder ihr Gesicht, was man dem einheitlich wirkenden Gesamtbild heute allerdings nicht anmerkt. Die dreischiffige gotische Basilika mit dem Westturm und dem romanischen Langchor prägt das Stadtbild auch von der Rheinseite her. Im Kircheninnern ist noch ein Stück Fußboden aus dem 12. Jahrhundert erhalten, das die Veränderungen der Barockzeit und den Zweiten Weltkrieg überdauert hat.

Wieder zurück auf der Severinstraße führt der Weg nach links durch St. Magdalenen in die Kartäusergasse, wo rechter Hand der Komplex des Augustinerkrankenhauses liegt, im Volksmund „Klösterchen" genannt. Ihm gegenüber steht die ehemalige Kartäuserkirche St. Barbara aus dem ausgehenden 14. Jahrhundert. Der schlichte gotische Bau ist heute eine evangelische Pfarrkirche und wird „Kartause" genannt.

Haben Sie das Ende der Kartäusergasse erreicht, können Sie links einen Blick auf die mittelalterliche Ulrepforte werfen, den heutigen Sitz der ältesten Kölner Karnevalsgesellschaft „Rote Funken". Als einziges der

Nur mit der Ulrepforte kamen die Kölner auf zwölf Tore – entsprechend der Vision des himmlischen Jerusalems im Buch der Offenbarung.

zwölf mittelalterlichen Stadttore Kölns diente dieses nicht als Durchfahrt von einer Landstraße ins Zentrum – aber nur mit der „blinden" Ulrepforte kamen die Kölner auf zwölf Stadttore, mit denen sie die zwölf Tore des himmlischen Jerusalems abbildeten. Der heute sichtbare Turm stammt in seiner ursprünglichen Form aus dem 14. Jahrhundert und war ein Mühlenturm; fünfhundert Jahre später wurde aus ihm ein in gotischem Stil gehaltener Stadtturm. Den Namen verdankt das Tor den *Ullen*, den weit vom Stadtkern angesiedelten Töpfern.

Von den Gebäuden, die der Straßenname Vor den Siebenburgen nach dem Überqueren der Ulrichgasse vermuten lässt, ist nichts erhalten: Es handelte sich um Gutshöfe, die innerhalb des landwirtschaftlich genutzten Gebiets entlang der Stadtmauer lagen. An der Stelle eines der

Die Kirche St. Pantaleon und ihr städtebauliches Umfeld im Jahre 1928

abgerissenen Gebäude entstand im 17. Jahrhundert die Karmeliterkirche St. Maria vom Frieden, die maßgeblich vom italienischen Barock beeinflusst ist. Die mittlere Sichtachse wird von der weißen Figur der *Regina Pacis*, der Königin des Friedens, dominiert. Die Straße Am Pantaleonsberg führt zur ehemaligen Benediktinerabtei St. Pantaleon. Im Bereich der alten Kölner Stadtmauer ist dies die einzige ummauerte Klosteranlage, die noch die sogenannte Immunität widerspiegelt: Wer sich innerhalb ihrer Mauern befand, stand einst unter dem Schutz der Kirche – weltlichen Amtsträgern blieb der Zugriff versagt. Erzbischof Bruno gründete hier im ausgehenden 10. Jahrhundert ein Benediktinerkloster. Mit Ausnahme der Kirche sind alle anderen Gebäude meist maßstabsgerechte Neubauten. Beeindruckend ist der fast zwölf Meter breite, im Mittelschiff erhaltene Saalbau. Mit der Säkularisierung im Zuge der französischen Besetzung wurde St. Pantaleon zum Festungsbauhof und der preußischen Militärverwaltung unterstellt. Dies bedeutete für den größten Teil der mittelalterlichen Klostergebäude das Ende, denn an ihrer statt wurden praktische Neubauten errichtet. Nach deren Zerstörung im Zweiten Weltkrieg schuf Rudolf Schwarz dann eine Grünanlage, um den ehemaligen Klosterbezirk wieder erfahrbar zu machen.

Vom Griechenmarktviertel zu St. Gereon

Über die Straße Am Weidenbach überqueren Sie den Rothgerberbach und gelangen in das Griechenmarktviertel. In die römische Stadtmauer – daran erinnert der Straßenname „Alte Mauer am Bach" – wurde im Mittelalter die Griechenpforte als Durchgang zu St. Pantaleon gebrochen. Im Griechenmarktviertel wohnten zunächst weder Griechen noch gab es einen Markt, vielmehr leitet sich der Name aus der alten Bezeichnung *Creek* für Gewässer und *Maa* für stehendes Gewässer ab.

St. Pantaleon heute mit Grünanlage und Mauer, die an den früheren Klosterbezirk erinnern

Aber tatsächlich sollen sich griechische Künstler und zum Teil auch Handwerker aus südlichen Ländern im 10. Jahrhundert in diesem Viertel niedergelassen haben: Sie hatten Kaiserin Theophanu aus Byzanz an den ottonischen Hof nach Köln begleitet. Die Struktur dieses Viertels ist Rudolf Schwarz zu verdanken, der nach der vollständigen Zerstörung durch den Krieg hier seine Ideen einer niedrigen, ruhigen und grünen Wohnbebauung verwirklichte. So liegt ein „Dorf" als reines Wohngebiet in unmittelbarer Nachbarschaft zur großstädtischen Einkaufszone des Neumarkts mit der Schildergasse und dem sie umgebenden Bereich.

Zur Linken des Mauritiussteinwegs finden Sie die Kirche St. Mauritius. Ursprünglich ein romanischer Bau (1135–1141), wurde sie im 17. Jahrhundert abgerissen und an ihrer Stelle ein neugotischer Bau errichtet. Von dieser Kirche waren nach dem Krieg lediglich die Umfassungsmauern erhalten, und 1956 bis 1957 schuf der Architekt Fritz Schaller eine moderne Neugestaltung. Am Ende des Mauritiussteinwegs überqueren Sie die Hahnenstraße, die Basilika St. Aposteln bereits im Blick. Die Hahnenstraße ist ein Teil der Ost-West-Achse, die von der Inneren Kanalstraße/Universitätsstraße über die Deutzer Brücke auf die andere Rheinseite führt. Diese Achse wurde in nationalsozialistischer Zeit durch die Stadt geschlagen, allerdings ohne ihre Ränder zu bebauen. Wilhelm Riphahn gestaltete hier nach dem Krieg – entgegen den überspannten Plänen der NS-Zeit – einen modernen, zurückhaltenden Boulevard, mit Pavillons und städtischem Grün im vorderen Bereich und dahinter liegenden höheren Wohneinheiten. Die Hahnenstraße führt auch durch das Hahnentor, das zweite mittelalterliche Stadttor unseres Weges.

Die ehemalige Herrenstiftskirche St. Aposteln, ebenfalls eine romanische Kirche, beeindruckt durch ihre charakteristische Dachlandschaft. Die dreischiffige Pfeilerbasilika besteht aus einem Westquerschiff, vor

Wohnen inmitten der City – im Griechenmarktviertel

dem ein Turm über einer Krypta ruht. Ein achtseitiger Vierungsturm und zwei Flankentürme überragen den Chor. Ab dem Baubeginn zum Anfang des 11. Jahrhunderts entstand hier im Laufe der Zeit ein großer, von einer Immunitätsmauer umgebener Stiftsbezirk: St. Aposteln und der angrenzende Neumarkt – ein mittelalterlicher Viehmarkt – bildeten das Zentrum. Heute gibt sich das Areal zum Neumarkt hin eher verschlossen, öffnet sich aber zur Westseite, zur Mittelstraße und zum Apostelnkloster. Der kleine, mit hohen Bäumen bestandene Platz neben der Kirche wird für Ruhepausen, zweimal wöchentlich als Marktplatz und für kleinere Aktionen wie Bücherflohmärkte genutzt. Dank der in den letzten Jahren gewachsenen Außengastronomie lebt dieser Ort spürbar den spannenden Kontrast zwischen Konsum und stiller Einkehr.
Bevor Sie durch die Aposteln- und St.-Apern-Straße in Richtung St. Gereon gehen, genießen Sie das Flair dieses lebendigen Einkaufsviertels. Design- und Modeläden, traditionelle Bäckereien, interessante Buchläden und leckeres Essen finden Sie in Hülle und Fülle in diesem Viertel: zwischen den Ringen im Westen und Auf dem Berlich im Osten, zwischen der Magnusstraße im Norden und Hahnenstraße/Neumarkt im Süden. Und wenn Sie Lust auf einen Abstecher haben, schauen Sie sich im westlich gelegenen Belgischen Viertel um. Deutlich ruhiger geht es hier zu, dabei gibt es eine Vielzahl kleinerer Geschäfte zu entdecken. Mode, Schmuck, Schuhe, Design, Kunst, Möbel – was das Herz begehrt, finden Sie zwischen der Moltkestraße im Osten und dem Habsburgerring im Westen, zwischen der Roonstraße im Süden und der Venloer Straße im Norden.
St. Gereon war eines der reichsten und vornehmsten Herrenstifte – und ist der älteste Kirchenbau Kölns. Historikern gilt er wegen seiner Form als einer der spannendsten Sakralbauten überhaupt: Einzigartig ist das

Stahlstich der Kirche St. Aposteln nach John Cleghorn (um 1840)

Die Gebeine der Heiligen Drei Könige

Wenn man den Dom durch das Hauptportal betritt, sieht man ihn schon von Weitem hinter dem Hochaltar golden schimmern: den Dreikönigsschrein. In dem prächtigen, mit Tausenden von Edelsteinen geschmückten Sarkophag ruhen die Gebeine der Heiligen Drei Könige. Sie gehören zu den bedeutendsten Reliquien der Christenheit, und täglich kommen Tausende von Menschen, um sie zu bewundern. Doch wie kamen die Gebeine nach Köln?

Aus Magiern werden Könige
Sie dürfen bei keinem Krippenspiel fehlen, die Heiligen Drei Könige, die dem Jesuskind kostbare Geschenke bringen. In der Bibel allerdings ist von Königen nicht die Rede, die Besucher werden als Magier bezeichnet: Ein Stern führt sie aus dem Morgenland nach Bethlehem, sie überreichen ihre Geschenke und ziehen dann wieder in ihr Land zurück – so weit der biblische Bericht. Erst die christliche Legende verwandelte die Magier in Könige, denn einer alttestamentarischen Prophezeiung zufolge würden Könige dem

Die Gebeine der Heiligen Drei Könige werden in dem mit Tausenden von Edelsteinen geschmückten Sarkophag im Kölner Dom aufbewahrt.

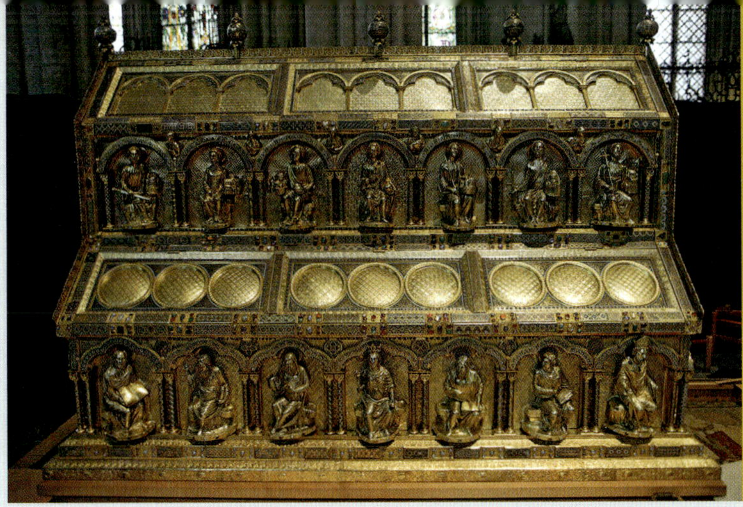

Messias huldigen. Da die drei Magier wertvolle Geschenke – Gold, Weihrauch und Myrrhe – mit sich trugen, glaubte man, dass es sich um besagte Könige gehandelt haben muss. Ihre heute verwendeten Namen Kaspar, Melchior und Balthasar erhielten die Drei Könige erst im Mittelalter.

Eine lange Reise

Dass die Reliquien der Nachwelt erhalten blieben, verdanken wir der heiligen Helena, Mutter des ersten christlichen Kaisers Konstantin I. (Konstantin der Große). Sie lebte etwa 250 bis 330 nach Christus und brachte die Gebeine um 326 von einer Pilgerreise aus Palästina heim nach Konstantinopel. Ein Nachfolger Konstantins schenkte die Gebeine später dem Erzbischof von Mailand, und Mitte des zwölften Jahrhunderts folgte schließlich die letzte Etappe ihrer Reise. Nachdem Kaiser Friedrich Barbarossa einen siegreichen Feldzug gegen das aufständische Mailand geführt hatte, wurden ihm die kostbaren Reliquien übergeben. Der Kaiser wiederum schenkte sie seinem Kanzler und damaligen Erzbischof von Köln, Rainald von Dassel – der die Gebeine am 23. Juli 1164 feierlich nach Köln brachte, wo sie bis heute im Dom verwahrt werden.

Colonia* wird *Sancta Colonia

Die Nachricht, dass die kostbare Reliquien in Köln eingetroffen waren, verbreitete sich in Windeseile in ganz Europa, und das *hillige Coellen*, das „heilige Köln", wurde zu einem der bedeutsamsten Wallfahrtsorte der Christenheit. Der Strom der Pilger brachte erheblichen Schwung ins Wirtschaftsleben, denn sie alle mussten untergebracht und verköstigt werden. Das Gastgewerbe und der Handel, das Handwerk und die Künste blühten – und bald war Köln eine der reichsten Städte des Mittelalters.

Der Dreikönigsschrein ist eines der bedeutendsten Reliquiare der Christenheit.

Dekagon, das Zehneck, das mit einer hohen Kuppel geschlossen ist – es ist dem spätromanischen Umbau eines spätantiken achteckigen Zentralbaus aus dem 4. Jahrhundert zu verdanken. Auch die vier Rundbauten (Konchen) stammen aus dieser Zeit. Gerade das Zehneck gehörte zu den im Zweiten Weltkrieg am stärksten getroffenen Gebäudeteilen und war in hohem Maße einsturzgefährdet. Der Langchor aus dem 11. Jahrhundert, der Chorteil mit Flankentürmen aus dem Folgejahrhundert, die Taufkapelle und die gotische Sakristei blieben jedoch relativ unbeschädigt. Auch der Südturm stand noch. Es gab nach dem Krieg unterschiedliche Konzepte, wie St. Gereon und sein Umfeld wiederaufgebaut werden sollten. Umgesetzt wurde schließlich ein Konzept der steingerechten Erneuerung in historisch korrekten Formen sowohl in der äußeren Erscheinung als auch im Innern. Der Eingang zur heutigen Pfarrkirche liegt am Gereonskloster, wo Sie durch Kennzeichnung im Bodenbelag des Platzes den früheren Grundriss der Stiftsgebäude und des Kreuzgangs nachvollziehen können.

Bevor Sie das letzte Drittel der *Via Sacra* beschreiten, lohnt noch ein kurzer Gang durch das Gerling-Viertel unmittelbar neben St. Gereon. Nach der Aufgabe der Gebäude durch die gleichnamige Versicherung und der Veröffentlichung der Pläne für das neue Gerling-Viertel hatte eine Bürgerinitiative die vorgesehene Höhe der Neubauten kritisiert: Sie befürchtete,

Terrassendächer und Material verleihen dem Maternushaus südländisches Flair.
Blick auf St. Ursula mit dem davorliegenden, ruhigen Dechant-Löbbel-Platz

dass der Platz am Gereonskloster „erdrückt" werde, und man sorgte sich auch um den Baumbestand. Bis 2013 soll das Gerling-Viertel nun in ein elegantes Stadtquartier umgewandelt werden. Mit Geschäften, Restaurants, Cafés, einer Piazza mit Brunnen, exklusiven Wohnungen und grünen Innenhöfen soll hier durch den neuen Eigentümer ein Stück italienische Lebenskultur entstehen.

Vom *Klüttenklau* zu St. Kunibert

Der Gereonsstraße in Richtung Dom folgend, gehen Sie nach links in die Kardinal-Frings-Straße. Kardinal Frings – einer der wenigen katholischen Bischöfe, die zur Zeit des Nationalsozialismus kritisch und öffentlich Stellung gegen „Euthanasie" und Judenmord bezogen hatten – ist vor allem bei den älteren Kölnern sehr beliebt. Denn in einem Hirtenbrief zum Überleben in der Nachkriegszeit erteilte er jenen, die Kohlen-Diebstahl (*Klüttenklau*) begingen, die Absolution – auch wenn er es eigentlich anders gemeint hatte. Seither ist der Begriff *fringsen* gleichbedeutend mit „stehlen in größter Not", so steht es im Wörterbuch der deutschen Sprache. Rechter Hand sehen Sie die Kirche St. Maria Ablass: Im Vorgängerbau dieser Pfarrkirche verkündeten die Erzbischöfe im Mittelalter im Anschluss an die Kölner Stadtwallfahrt die begehrten Ablässe – den Nachlass von Sündenstrafen, der dann zu Martin Luthers Zeiten zunehmend gegen Bezahlung erteilt wurde und so in Verruf geriet. Bis auf die Liebfrauenkapelle, die Sie vor sich sehen, wurde St. Maria Ablass zu Beginn des 19. Jahrhunderts abgerissen. Zur Linken sehen Sie das Erzbischöfliche Haus und Priesterseminar, erbaut von Hans Schumacher und Willy Weyres. Auf der rechten Seite folgt kurz vor der Viktoriastraße das Tagungszentrum des Erzbistums Köln, das „Maternushaus", das 1983 eröffnete: Entworfen von Hans Schilling und

1926 gestiftetes Ursulinisches Schiffchen aus der Kirche St. Ursula

Peter Kulka gruppieren sich unterschiedliche Baukörper um kleine Plätze und Höfe, während dunkelroter Backstein, weißer Marmor und Naturholzdecken dem Ensemble ein fast italienisches Flair verleihen.
Sobald Sie die Viktoriastraße überquert haben, geht es weiter durch die Eintrachtstraße, bis Sie rechts den idyllisch-verträumten Dechant-Löbbel-Platz und dahinter die Kirche St. Ursula sehen. Der Gründungsbau entstand auf einem römischen Friedhof – und fußt außerdem auf der bekannten Legende der heiligen Ursula und ihrer Jungfrauen: Der Legende zufolge trifft die fromme englische Königstochter Ursula mit elftausend Jungfrauen bei einer Pilgerfahrt auf den heidnischen Hunnenkönig Attila, dessen Truppen gerade ansetzen, Köln einzunehmen. Beeindruckt von ihrer Schönheit, trägt Attila ihr eine Heirat an, doch Ursula weist ihn ab. Gedemütigt tötet Attila daraufhin die schöne Ursula mit einem Pfeil und lässt auch all ihre Jungfrauen sterben (andere Versionen schildern die umgekehrte Reihenfolge). Heerscharen von Engeln vertreiben nach diesem Blutbad die Hunnen, und die Stadt ist gerettet. Zu Ehren der Märtyrerinnen errichteten die Kölner die Kirche St. Ursula, und seit dem 16. Jahrhundert symbolisieren die elf Tropfen, Flammen oder Tränen (je nach Lesart) des Kölner Stadtwappens die heilige Ursula und ihre elftausend Jungfrauen. Wobei darauf hingewiesen wird, dass die Legende in ihrer älteren Fassung von nur elf Jungfrauen sprach.
Eintrachtstraße und Unter Krahnenbäumen, kurz „UKB" genannt, zeigen noch heute den Viertelkreis der Stadterweiterung von 1106 und damit den nördlichen Verlauf der *Via Sacra*. Wir machen einen kurzen Abstecher nach Norden über den Eigelstein mit seinem fröhlichen, kölsch-türkischen Lebensgefühl bis zum dritten Stadttor dieses Weges, dem Eigelsteintor. In dieser größten Torburg der ehemaligen mittelalterlichen Befestigungsanlage lassen sich heute rauschende Feste feiern,

Am Eigelsteintor, der größten Torburg der mittelalterlichen Stadtmauer, steht in einer Nische ein Kölscher Boor *(Kölner Bauer), aufgestellt Ende des 19. Jahrhunderts.*

gediegene Bankette zelebrieren oder Arbeitssitzungen abhalten. Die Figur des Kölner Bauern in der Nische symbolisiert die Reichstreue; sie wurde zum Ende des 19. Jahrhunderts an dieser Stelle angebracht. Nach einem kurzen Weg zurück geht es auf dem Eigelstein nun nach links über die verkehrsreiche Turiner Straße in die Machabäerstraße zur Ursulinenkirche. Die Kirche wurde zu Beginn des 18. Jahrhunderts errichtet und entspricht der strengen Gliederung venezianischer Saalkirchen in der Nachfolge des berühmten römischen Baumeisters Andrea Palladio, des bedeutendsten Architekten der Renaissance in Oberitalien im 16. Jahrhundert. Die letzte Kirche auf unserem Weg entstand auch als letzte der zwölf romanischen Kirchen Kölns: die Basilika St. Kunibert. Als sie nach schweren Zerstörungen im Zweiten Weltkrieg erst 1993 wiederaufgebaut war, bildete sie ebenfalls das Schlusslicht. Die romanischen farbigen Fenster des Chors sind die ältesten Glasfenster in Köln.

Für die abschließende Rast unseres Weges bietet sich der kleine, ruhige Platz An der Linde an – es sei denn, Sie entscheiden sich noch für einen kurzen Abstecher an den nahe gelegenen Rhein und bewundern linker Hand von Ferne die im Stil des Expressionismus entworfene „Bastei“, ein früheres Restaurant aus dem Jahre 1924. Gestaltet wurde es von einem der berühmtesten Kölner Architekten der Vor- und vor allem der Nachkriegszeit, der bereits oben im Zusammenhang mit der Ost-West-Achse kurz Erwähnung fand: Wilhelm Riphahn.

Türme und Saal des Eigelsteintors können für private Feierlichkeiten gemietet werden.

Die nördlichste der romanischen Kirchen: St. Kunibert

Albertus Magnus

Albertus Magnus, der Namensvater der Kölner Universität, gilt als der größte deutsche Gelehrte des Mittelalters. Den Beinamen „Magnus“ erhielt der Kirchenlehrer aufgrund seiner vielseitigen Begabung: Er veröffentlichte unter anderem Schriften zur Theologie, Philosophie, Medizin, Biologie, Chemie, Physik, Astronomie und Geografie. Es gibt kaum ein Wissensgebiet seiner Zeit, mit dem er sich nicht auseinandersetzte. Entsprechend umfangreich ist seine Hinterlassenschaft: Seit 1931 wird an einer kritischen Gesamtausgabe seiner Werke gearbeitet, der Abschluss des Projekts ist aber noch lange nicht in Sicht. Allein die von ihm selbst verfassten Abhandlungen und Bücher ergäben heute etwa zweiundzwanzigtausend Druckseiten – ohne Kommentar.

Der Dominikaner

Obwohl er um 1200 in Lauingen an der Donau zur Welt kam, ist das Leben von Albertus Magnus eng mit Köln verbunden. Über seine Jugend weiß man wenig, außer dass er sich mit zweiundzwanzig Jahren in Norditalien aufhielt und im darauffolgenden Jahr an der Universität von Padua ein Studium begann. Hier kam Albertus in Kontakt mit Jordan von Sachsen, dem Ordensoberen des jungen Dominikanerordens. Kurz darauf schloss sich Albertus dem Bettelorden an – und kam nach Köln, wo er sein Noviziat im Kloster in der Stolkgasse absolvierte, Theologie studierte und die Priesterweihe empfing. Anschließend studierte und lehrte er

Albertus Magnus, der berühmte Kölner Gelehrte

an verschiedenen Dominikanerkonventen und ging im Jahr 1243 zum Magisterstudium der Theologie an die Sorbonne. Paris war damals das Zentrum europäischer Gelehrsamkeit. Nachdem er seinen Abschluss dort erworben hatte, lehrte Albertus an der Universität drei Jahre lang. 1248 kehrte er nach Köln zurück: Der Dominikanerorden hatte ihn beauftragt, ein *Studium Generale* (allgemeines Studium) aufzubauen. Sein berühmtester Pariser Schüler, Thomas von Aquin, folgte ihm. Unter Albertus Magnus gelangte die Kölner Klosterschule zu internationalem Ruf, und aus ihr ging im Jahre 1388 die Kölner Universität hervor. Auch für die Kölner Politik spielte Albertus eine bedeutende Rolle: Mehrfach griff er schlichtend in die Auseinandersetzungen zwischen dem Erzbischof und der Stadt ein.

Provinzialprior und Erzbischof

Als er 1254 zum Provinzialprior der deutschen Dominikaner ernannt wurde, musste Albertus Magnus Köln wieder verlassen. In den drei Jahren seiner Amtszeit bereiste er nahezu alle vierzig Dominikanerkonvente der Provinz Teutonia – und zwar zu Fuß, von Riga bis Chur, von Antwerpen bis Wien.

Eine unglückliche Entscheidung traf Papst Alexander IV. im Jahr 1260, als er Albertus Magnus zum Erzbischof von Regensburg ernannte: Das Leben eines Erzbischofs ließ sich kaum mit dem Armutsgelübde der Dominikaner vereinbaren. Auch bei den Regensburgern fand die Ernennung wenig Anklang: Sie verspotteten Albertus wegen seiner schlichten Kleidung, und bereits nach einem Jahr durfte er das Amt niederlegen. Nach Lehrtätigkeiten in Würzburg und Straßburg kehrte Albertus 1270 endgültig nach Köln zurück, wo er am 14. November 1280 starb. Sein Grab befindet sich in der Krypta der Basilika St. Andreas.

Die Gebeine des Albertus Magnus ruhen heute in der Krypta von St. Andreas unweit des Doms.

COLONIA AGRIPPINA ANNO DOMINI M.D.LXXI. EXACTISSIME DESCRIPTA
DE FVNDATIONE
RHENVS
FLVVIVS

Straßennamen erzählen

Für den modernen Menschen ist es ganz selbstverständlich, sich anhand eines Stadtplans in einer Stadt zu orientieren, im Mittelalter jedoch gab es weder Straßenschilder noch Stadtpläne. Trotzdem fanden sich die Menschen zurecht, weil es auch in dieser Zeit Straßennamen gab – wenn auch nicht für jede Straße. Die Namen konnte man sich leicht einprägen, denn sie waren beschreibend: Wo die Färber arbeiteten, war die Färbergasse, eine besonders enge Gasse hieß Enggasse.

Köln gilt als Geburtsstadt des Grundbuchwesens. Sechshundert Jahre lang, ab dem ersten Drittel des 12. Jahrhunderts, wurden alle Liegenschaften in sogenannten Schreinsbüchern aufgezeichnet. Diese Sammlung von Dokumenten bietet eine hervorragende Grundlage, um den Ursprung und die Entwicklung der Kölner Straßennamen zu erforschen. Eine wunderbare spätere Quelle ist der „Mercatorplan" aus dem Jahre 1571: Mit ihm schuf der Zeichner Arnold Mercator eine spätmittelalterliche dreidimensionale Darstellung Kölns aus der Vogelperspektive.

Was können Sie hier tun und erleben?
Mittelalterliche Straßennamen sagen etwas darüber aus, wie die Menschen damals ihre Stadt wahrnahmen. Auf dem nachfolgend beschriebenen Weg können Sie den mittelalterlichen Stadtraum anhand der Straßennamen und einzelner noch erhaltener Bauten nachvollziehen. Und hier ist Ihre Fantasie gefragt: Die Beschreibung der Straßen, Plätze, Gebäude und des Lebens erfolgt auf den nächsten Seiten so, als würden Sie sich im Köln des ausgehenden 16. Jahrhunderts befinden!

Anfahrtspunkt:
Goldgasse nahe Breslauer Platz

Parkmöglichkeiten:
Parkhaus Breslauer Platz, Einfahrt über die Trankgasse von der Rheinuferstraße in südlicher Richtung, oder Parkhaus am Dom, Einfahrt über die Trankgasse in östlicher Richtung, von der Komödienstraße kommend

Anreise mit ÖPNV:
U-Bahn-Linien 5, 16 und 18, Haltestelle Breslauer Platz
Buslinien 250, 260 und 978

Die Karte zu dieser Tour finden Sie auf S. 49.

Stadtplan von nahezu moderner Dreidimensionalität: der Mercatorplan aus dem Jahre 1571

Straßennamen erzählen

Was Schilder uns verraten können

Unser Weg durch das mittelalterliche Köln beginnt auf dem Gebiet der zweiten Stadterweiterung in der Goldgasse. In der Goldgasse wird aber nicht etwa Gold verarbeitet: Dies ist vielmehr der Weg, auf dem die „Goldgräber“ Abfälle, Dreck, Schutt und Exkremente Richtung Rhein transportieren – also eine scherzhafte Bezeichnung für die Müll- und Fäkalienentsorgung. Die Goldgasse führt auf die Stadtmauer an der Rhein-

Aus der Renaissance: Doppelhaus „Zur Brezel/Zum Dorn“ von Benedikt von Schwelm

seite zu, und neben ihr gibt es drei weitere Transportwege gleichen Namens. Über die Johannisstraße, die bis zum Ende des 13. Jahrhunderts nach der im Vergleich zu St. Johann älteren Kirche St. Kunibert benannt war, gelangen Sie an der Kostgasse vorbei zur Trankgasse. Das Wort „Kost" deutet auf den Ursprung *Kots* hin und verweist auf die *Kotzmenger*, die Handwerker, die Schlachtabfälle wie Eingeweide und Fett weiterverarbeiten und verkaufen. Die Trankgasse bildet das letzte Stück einer von West nach Ost verlaufenden Straße quer durch Köln und mündet in ein Tor in der Stadtmauer, das zum Rhein hin liegt. Zwei weitere Trankgassen dienen der gleichen Funktion: Durch sie werden die Pferde zum Wasser geführt.

Von diesem Punkt außerhalb des Zentrums haben Sie interessante Ausblicke auf die geschäftige Stadt: Zu Ihrer Rechten ragt der unvollendete Dom empor, mit den hohen Stützpfeilern des Chors und dem markanten Baukran auf dem halb fertigen Südturm – majestätisch und Ehrfurcht gebietend in den Augen der einen, in den Augen der anderen eine hässliche, asymmetrische Ruine. Links des Chors erhebt sich über den Dächern der stolze, reich verzierte Rathausturm. Wenn Sie nach links schauen, sehen Sie die mächtige, dreischiffige Gewölbebasilika Groß St. Martin. Rechts geht der Blick in die stets nach Pferdeäpfeln riechende Trankgasse zur Kirche St. Andreas, in der Albertus Magnus beigesetzt ist. Die in Karrees angeordneten Häuser sind wie die meisten der achttausend in Köln stehenden Gebäude im Fachwerkstil erbaut und ein bis zwei Stockwerke hoch. Sollte es gerade regnen, während Sie an dieser Stelle stehen, seien Sie gewarnt: Der knietiefe Matsch und der mit dem Wasser zum Rhein hin fließende Unrat werden vermutlich Ihre Beinkleider ruinieren. Der Weg führt jetzt hinter den Dom durch die Bechergasse in Richtung Alter Markt. Der Name der

Die mächtigen Strebepfeiler des Doms nehmen den Schub des 45 Meter hohen Chors auf und leiten ihn nach unten ab.

Gasse verweist auf die dort ansässigen Bechermacher: Sie fertigen Trinkbecher aus Holz und Würfelbecher aus Leder und sind so hoch spezialisiert, dass sie weder einem Gewerbe noch einer Zunft angehören. Die links und rechts abzweigende Mühlengasse verweist auf zweierlei: die vom Fluss angetriebenen Rheinmühlen und das Kölner Patriziergeschlecht „von der Mühlengasse".

Hier wird gefeilscht, gefeiert und geköpft

Sie stehen nun auf dem Alter Markt, einem der zentralen Plätze Kölns. Die westliche Front des Platzes wird bestimmt von dem alle Häuser überragenden Rathausturm. Vor rund dreihundert Jahren (wir befinden uns ja im ausgehenden 16. Jahrhundert, darum rechnen Sie bitte von hier zurück) hieß der Platz noch schlicht „Markt", da er der einzige in Köln war. Mit der Anlage des Heumarkts kam dann der Zusatz „Alter" hinzu. Auf dem Alter Markt finden Turniere und Schießspiele statt, hier werden Todesurteile vollstreckt und die Marktfrauen feilschen und tratschen an ihren Ständen. Kurz vor der Lintgasse sehen Sie auf der linken Seite das Doppelhaus „Zur Brezel / Zum Dorn", das Steinmetzmeister Benedikt von Schwelm 1582 fertigstellte. Wie bei vielen Bürgerhäusern aus dieser Zeit besteht die Hausfront zum Platz hin fast nur aus Fenstern, um möglichst viel Licht ins Innere zu lassen – denn im mittelalterlichen Köln ist es ausgesprochen eng. Aus Kostengründen baut man die Häuser extrem schmal, doch dafür umso höher. Um

Innerhalb des Karrees von Groß St. Martin steht diese kleine Statue des heiligen Martin.

„Auf dem Rothenberg" leitet sich von „Rodenburgergasse" ab (Rodenbercher straisse).

Groß St. Martin erstreckt sich das dicht bebaute Martinsviertel: Auf dem Mercatorplan sind deutlich die steilen langen Dächer zu erkennen, die auf den mehrgeschossigen schmalen, maximal sieben Meter breiten Häusern thronen. Charakteristisch für die Kölner Bauart sind auch Doppeldächer, deren Giebel paarweise in gleicher oder unterschiedlicher Breite ausgeführt sind. Die Menschen wohnen hier zur Miete, dicht gedrängt und unter erbärmlichen Verhältnissen. Bis in die 1930er-Jahre wird hier noch die mittelalterliche Enge herrschen, bis die Nationalsozialisten das Viertel „restaurieren“ werden, das heißt große Teile fallen der Abrissbirne zum Opfer. Den Rest wird der Zweite Weltkrieg „übernehmen“, sodass im 21. Jahrhundert fast die gesamte mittelalterliche Bausubstanz verschwindet.

Spezialmärkte

Die Lintgasse verweist auf das Material *Lint*, mit dem Seile und Stricke hergestellt werden. Das mittelhochdeutsche Wort *Lindenbast*, auch kurz *Bast*, überdauert noch viele Jahrhunderte, zum Beispiel in dem Wort „Bastkorb“. Von der Lintgasse lohnt ein Gang in die Straße Auf dem Rothenberg: Nebeneinander finden sich hier die beiden typischen Stile des Mittelalters, das Fachwerkhaus und das repräsentative Eckhaus aus verputztem Mauerwerk. Am Ende der Lintgasse unmittelbar am Rhein liegt der Fischmarkt – hier steht auch das „Fischkaufhaus“, das im 19. Jahrhundert einige Zeit als Stapelhaus dienen wird.

In der Lintgasse wurden Seile hergestellt.
Im Mittelalter befand sich am Rheinufer zwischen Lintgasse und Mühlengasse der Fischmarkt.

Zumindest der Turm wird noch im 21. Jahrhundert stehen. Sie können die Händler dabei beobachten, wie sie die Fische mit Salz aus der nahen Salzgasse pökeln und dann die Fischkörbe mit den Seilen aus der Lintgasse verschnüren. Lassen Sie sich von den spezialisierten Fischgroßhändlern erklären, an wen im Umland sie ihre Heringe, Stockfische, Makrelen und den Kabeljau liefern. Sicher erkennen Sie auf den Körben mit gesalzenem Fisch auch das deutschlandweit bekannte Qualitätssiegel „Kölner Brand". Vom Fischmarkt aus sehen Sie den Buttermarkt, eine lange schmale Gasse, in der die Butterverkäufer an ihren Ständen lautstark ihre *Botter* anpreisen. Wenn Sie den Buttermarkt entlangschlendern, folgen zur Rechten die Salzgasse, die Rheingasse und die Mühlengasse – alle drei direkte Zugangsstraßen zum Rhein aus römischer Zeit. Über die Markmannsgasse gelangen Sie zum Heumarkt. Obwohl auf diesem größten Platz der Stadt an unzähligen Ständen Obst, Gemüse, Fleisch, Salz, Eisen, Leder, Pelze und eben auch Heu verkauft wird, hat sich das Heu als Namensgeber durchgesetzt. Auf allen vier Seiten des Platzes stehen schöne große Bürgerhäuser ebenso wie die typischen schmalen Altstadthäuser im Fachwerkstil. Das Bürgerhaus „Zum St. Peter" an der Ecke zum Seidmacherinnengässchen wurde 1568 fertiggestellt: Durchgehende Fenster, die typisch für die Spätrenaissance sind, geschwungene Giebel und fünf Stockwerke plus zwei Giebelwerke prägen das Eckhaus.

Abstecher zum Overstolzenhaus

Das Ende des Heumarkts, der in späteren Jahrhunderten fast auf die Hälfte verkürzt sein wird, bildet die Gebäudereihe mit der Brauerei „Zur Malzmühle". Daran vorbei geht es durch Am Malzbüchel in die Rheingasse. Von diesem Hügel (*Büchel* heißt „Hügel") gehen die Mälzer zur

Am Platz des heutigen Stapelhauses stand im Mittelalter das Fischkaufhaus.

Vom Krieg verschont: das Bürgerhaus „Zum St. Peter" am Heumarkt

nahen Malzmühle. In der Rheingasse steht das prächtige „Overstolzenhaus“. Das Geschlecht der Overstolzen hat sich hier bereits vor fast vierhundert Jahren (vom Spätmittelalter aus gerechnet also in der Zeit der späten Romanik) ihr eindrucksvolles Bürgerhaus errichten lassen. Hinter den mächtigen Stufengiebeln der Fassade liegen vier Speichergeschosse, unter denen sich die beiden Wohnetagen der Familie befinden. Die Räume sind mit farbigen Wandmalereien verziert und zeigen Szenen aus dem ritterlichen Leben. Einige Jahrhunderte später wird dieses Haus auch einmal die Börse beherbergen. Die parallel verlaufende Straße Filzengraben verdankt ihren Namen den hier ansässigen Filzhutmachern. Haus Nummer 43, im Jahre 1312 erstmals als „Vromholtshaus“ erwähnt, ist das einzige mittelalterliche Haus in Köln, das einen Laubengang besitzt.

Der ganze Stolz der Patrizier – der Gürzenich

Es geht wieder zurück zum Heumarkt. Durch den neuen Verbindungsweg vom Heumarkt zur Martinstraße, die Bolzengasse, gehen Sie zum „Gürzenich“. Die Bolzengasse wurde 1562 gebaut, und ihr Name geht auf die „Herberge zum Bolzen auf dem Steinweg“ zurück. Das Wort „Bolzen“ bedeutet Pfeil – dies wiederum ist der Hinweis auf den Anwohner Peil. Der Steinweg hieß noch im 14. Jahrhundert „Inter Macella“, ein Name, der sich auf die dort ansässigen Fleischer und Fleischmärkte bezog. Ende des 14. Jahrhunderts wurde die Straße als eine von wenigen in Köln gepflastert und erwarb damit den neuen Namen. Vor Ihnen erhebt sich nun der Gürzenich. Mit Stolz blicken die Kölner auf dieses Tanz- und Festhaus, denn es beherbergt den größten mittelalterlichen Festsaal des Reiches: über fünfzig Meter lang und über zwanzig Meter breit. Das Rittergeschlecht derer „von Gürzenich“ lieh dem 1444 erbauten Haus sei-

Die Fassade des Overstolzenhauses aus dem ersten Drittel des 13. Jahrhunderts

nen Namen, finanziert hatte es jedoch die Bürgerschaft. Noch heute – also gegen Ende des 16. Jahrhunderts – erinnern sich manche an die unglaublich hohen Kosten, die die Stadt vor hundertfünfzig Jahren für den Gürzenich aufbrachte: Zweitausend Jahre lang hätte ein Steinmetz damals arbeiten müssen, um die achtzigtausend Gulden zu verdienen. Wenn Sie vor der repräsentativ gestalteten Hauptfassade stehen, hören Sie möglicherweise laute Musik, Gelächter und Becherklirren in der ersten Etage – dann findet dort gerade eines der rauschenden Feste statt. Das Erdgeschoss wird als Lagerraum genutzt. In hundert Jahren, wenn Kölns Ruhm verblassen wird, wird der Gürzenich eine Zeit lang als Kaufhaus dienen: Über zweihundert Jahre wird es dann dauern, bis er wieder seinen ursprünglichen Zweck erfüllen wird.
Zum Abschluss des Weges können Sie in eines der zahlreichen Brauhäuser einkehren – zum Beispiel in der Nähe des Zunfthauses der Brauer in der Schildergasse. Dazu müssen Sie nur durch die Martinstraße Richtung Marsplatz gehen, dessen Name an den römischen Tempel zu Ehren des Kriegsgottes Mars erinnert. Hier lädt Sie ein lauschiger Gasthof zu einer stärkenden Mahlzeit ein. Rechts vom Quatermarkt geht die leicht gewundene Straße In der Höhle ab, die Sie automatisch auf die Schildergasse führt. Eine Höhle werden Sie hier jedoch vergeblich suchen, vielmehr leitet sich die Bezeichnung entweder von der Wortbedeutung „Feuerstelle, Herd, Kamin" her oder aber von dem nach seinem Besitzer Henricus de Helle benannten „Haus zur Hellen" in der Martinstraße. Inmitten dieser Gewerbeansiedlung der Wappenmaler, von denen einige auch Schilder für den Petersschrein gefertigt haben, liegt das Zunfthaus der Brauer – es ist leicht an seinen Doppelgiebeln und dem Türmchen zu erkennen. Bis 1928 wird es an der Schildergasse stehen bleiben, bis es der Abrisswut dieser Zeit zum Opfer fallen wird.

Der Gürzenich, prunkvolles Haus zum Feiern für die Bürger der Stadt

Jüdisches Leben im Mittelalter

Die Geschichte der Kölner Juden ist äußerst wechselvoll: Köln gilt als älteste jüdische Gemeinde nördlich der Alpen, war im Hochmittelalter eine der einflussreichsten Europas und eine der reichsten in Deutschland. Doch auch in Köln waren die Juden immer wieder erheblichen Repressionen ausgesetzt.

Das jüdische Viertel in Köln

Das mittelalterliche jüdische Leben spielte sich zwischen der Domsüdseite, dem Alter Markt, der Marspforte und der Kirche St. Laurenz ab. Hier befand sich das jüdische Viertel: Um die zentral gelegene Synagoge lagen Privathäuser und zahlreiche Geschäfte und Einrichtungen des öffentlichen und religiösen Lebens. In der *Mikwe* wurden rituelle Tauchbäder durchgeführt, Geschäfte boten koschere Waren an, und auch ein eigenes Hospital war vorhanden. Im Tanzhaus – einem der ältesten in Deutschland – wurden Feste und Hochzeiten gefeiert. Während das mittelalterliche Christentum dem Tanz skeptisch gegenüberstand, war dieser von jeher ein wichtiger Bestandteil jüdischer Religiosität.

Die Kreuzzüge hinterlassen Spuren

Zu den ersten großen Ausschreitungen gegen Juden kam es zu Beginn des ersten Kreuzzugs im Jahre 1096. Drei Tage lang wütete ab dem 30. Mai ein plündernder Mob im jüdischen Viertel,

Die große Synagoge in der Glockengasse, errichtet 1857–1861 im orientalischen Stil, wurde in der Reichspogromnacht bis auf die Grundmauern zerstört. Heute steht hier die Oper.

wobei unter anderem die Synagoge gänzlich zerstört wurde. Zwar verteilte Erzbischof Hermann III. die Kölner Juden rechtzeitig auf sieben umliegende Gemeinden, doch sicher waren sie dort vor Kreuzfahrern nicht – zweihundert Kölner Juden fielen ihnen zum Opfer.
Sechzig Jahre später, im Vorfeld des zweiten Kreuzzugs, kam es im September 1146 erneut zur Hetze gegen Juden. Dieses Mal konnten die Kölner Juden auf der Feste Wolkenburg des amtierenden Erzbischofs Arnold I. Zuflucht finden und dadurch weitgehend vor ihren Verfolgern gerettet werden.

Die Blütezeit des Kölner Judentums

Trotz der Kreuzzüge blieben die Kölner Juden ihrer Stadt verbunden und kehrten in ihr Viertel zurück. Seine Blütezeit erfuhr das Kölner Judentum im Hoch- und Spätmittelalter. Ungefähr achthundert Menschen lebten Mitte des 14. Jahrhunderts im jüdischen Viertel Kölns und berühmte Kölner Rabbiner wie Abraham Achselrad und Samuel Halevi besaßen Einfluss in ganz Westeuropa. Dass die Juden aber auch zu dieser Zeit eine gesellschaftliche Minderheit darstellten, war deutlich sichtbar: Das Judenviertel war von der übrigen Stadt nahezu abgeschlossen und nur durch wenige Türen und Tore zu betreten.

Massenhysterie durch die Pest

Nachdem im Sommer 1349 die verheerende Pestwelle, die ganz Europa überzog, näher an Köln herangerückt war, kam es am 23. August, der Bartholomäusnacht, zu einer Eskalation ungekannten Ausmaßes. Auch in Köln hatten sich die hartnäckigen Gerüchte verbreitet, die Juden würden die Brunnen vergiften und damit die Pest auslösen, und so stürmten die Kölner das jüdische Viertel: Die Häuser wurden niedergebrannt,

die Menschen erschlagen und erstochen, selbst Kinder prügelte man zu Tode. Nur wenigen gelang es, sich vor der aufgehetzten Meute zu retten. Die Stadt und der Erzbischof hatten entgegen ihrer Verpflichtung nicht in das Geschehen eingegriffen.

Neuanfang und Ende

Dreiundzwanzig Jahre später erhielten wohlhabende Juden gegen ein Aufnahmegeld und eine jährliche Steuer die Erlaubnis, sich wieder in Köln anzusiedeln und eine neue Gemeinde zu bilden. Die Neuansiedlung währte jedoch nur kurz: Infolge anhaltender Streitigkeiten zwischen dem Erzbischof und der Stadt über die Besteuerung der Juden wurde deren bis 1424 befristetes Aufenthaltsrecht nicht mehr verlängert. Alle Juden mussten die Stadt nun endgültig verlassen. Manche von ihnen ließen sich daraufhin im Rechtsrheinischen nieder, unter anderem in Deutz, wo noch heute ein jüdischer Friedhof zu besichtigen ist.

Innenraum der heutigen Synagoge in der Roonstraße

Der jüdische Friedhof in Köln-Deutz

TOURISMUSINFORMATION

Bilder von Köln
Informationen zu Stadtvierteln, verschiedenen Sehenswürdigkeiten, Gebäuden und Kirchen und vor allem aktuelle und historische Bilder finden Sie unter:
www.bilderbuch-koeln.de

Jüdische Gemeinde
Synagogen-Gemeinde Köln (Synagoge Roonstraße)
Roonstr. 50, 50674 Köln
Tel. 0221 / 92 15 60-20
www.sgk.de

Romanische Kirchen
Sechs der zwölf romanischen Kirchen Kölns sind unten in der Rubrik „Hereingeschaut!“ detailliert gelistet, weitere Informationen finden Sie unter:
www.romanische-kirchen-koeln.de
www.koeln-journal.de/index/seite/Kirchen

Stadttore
Informationen zur Hahnentorburg und Ulrepforte finden Sie auf der allgemeinen Website:
www.koeln-journal.de/index/seite/Sehenswuerdigkeiten
Die Eigelsteintorburg und die Severinstorburg sind unten in der Rubrik „Wahrhaft wehrhaft“ detailliert gelistet

HEREINGESCHAUT!

Kölner Dom
Domkloster 3, 50667 Köln
Dompropstei:
Margarethenkloster 5, 50667 Köln
Tel. 0221 / 179 40-100
www.koelner-dom.de
Mai–Okt. 6–22 Uhr, Nov.–Apr. 6–19.30 Uhr
Eintritt: frei
Sie können den Dom selbstständig erkunden oder an einer Führung teilnehmen; während der Gottesdienste ist eine Besichtigung nur bedingt möglich, bei Sonderveranstaltungen am Abend ist eine Besichtigung nicht möglich
Turmbesteigung:
Jan.–Feb., Nov.–Dez. 9–16 Uhr, März–Apr., Okt. 9–17 Uhr, Mai–Sept. 9–18 Uhr, Karfreitag geschlossen
Eintritt: Erw. € 2,50, erm. € 1,00, Familienkarte € 5,00, Gruppen ab 10 Erw. € 2,00 pro Person
Kombikarte Schatzkammer / Turmbesteigung: € 5,00, erm. € 2,50
Domschatzkammer:
Täglich 10—18 Uhr, Karfreitag geschlossen
Eintritt: Erw. € 4,00, erm. € 2,00, Familienkarte € 8,00
Kombikarte Schatzkammer / Turmbesteigung: € 5,00, erm. € 2,50
Führungen durch die Schatzkammer bitte anmelden unter: Tel. 0221 / 179 40-555
Mo–Do 10–13 Uhr

Basilika St. Aposteln
Neumarkt
gemeinden.erzbistum-koeln.de/st_aposteln
Führungen nach Absprache mit dem Pfarrbüro: Neumarkt 30, 50667 Köln
Tel. 0221 / 92 58 76-0
Büro: Di–Fr 11–13 Uhr, Mo, Di, Do 15–17 Uhr

Basilika St. Gereon
Christophstraße
www.stgereon.de
Kirche: Mo–Fr 10–18 Uhr, Sa 10–17.30 Uhr, So 13–18 Uhr
Vorhalle: täglich 9–18 Uhr

Führungen nach Absprache mit dem Pfarrbüro: Gereonskloster 2, 50670 Köln
Tel. 0221 / 13 49 22
Führungen möglich: Di–Sa 10–12 Uhr, Di–Fr 15–17 Uhr

Basilika St. Kunibert
Kunibertskloster 6
gemeinden.erzbistum-koeln.de/st_kunibert_koeln
Kirche: Mo–Sa 10–13Uhr und 15–18Uhr, So 15–18 Uhr
Führungen nach Absprache mit dem Pfarrbüro: Kunibertsklostergasse 2, 50668 Köln
Tel. 0221 / 12 12 14
Büro: Mo–Fr außer Mi 9–12 Uhr

Basilika St. Pantaleon
Am Pantaleonsberg
www.sankt-pantaleon.de
Führungen nach Absprache mit dem Pfarrbüro: Am Pantaleonsberg 10a, 50676 Köln
Tel. 0221 / 31 66 55
Büro: Mo–Fr außer Mi 9.30–12.30 Uhr, Do 16–18 Uhr

Basilika St. Severin
Severinskirchplatz
www.sankt-severin.de
Kirche: Mo–Fr 9–18 Uhr, Sa 9–17.30 Uhr, So 9–12 Uhr und 15–17.30 Uhr
Führungen nach Absprache mit dem Pfarrbüro: Im Ferkulum 29, 50678 Köln
Tel. 0221 / 93 18 42-0
Büro: Mo, Mi, Do, Fr 9–12 Uhr, Di 10–12 Uhr und Mo, Di, Do 14.30–17 Uhr

Basilika St. Ursula
Ursulaplatz
gemeinden.erzbistum-koeln.de/st_ursula_koeln
Kirche: Mo–Sa 10–12 Uhr und (außer Mi) 15–17 Uhr, Mi, So 15–16.30
Besichtigung der Goldenen Kammer (Eintritt: € 1,00) nach Absprache mit dem Pfarramt: Ursulaplatz 24, 50668 Köln
Tel. 0221 / 13 34 00
Büro: Mo 9–12 Uhr, Do 17–19 Uhr

WAHRHAFT WEHRHAFT

Eigelsteintorburg
Eigelstein, 50668 Köln
www.eigelsteintorburg.de
Tel. 0221 / 13 05 65-28
Büro: Mo, Do 10–14 Uhr, Di 14–18 Uhr
Besichtigung: Di 18–19 Uhr, Do 11–12 Uhr

Severinstorburg
Chlodwigplatz 2, 50678 Köln
www.severinstorburg.de
Tel. 0221 / 560 60 95
Büro: Mo, Mi 10–12 Uhr
Besichtigung: Mo, Mi 17–18 Uhr

AKTIV DABEI

Mittelalter-Kultur-Festival
Alljährlich entführen am Fühlinger See Ritter, Bogenschützen, Handwerker, Musikanten, Narren, Gaukler und Artisten die Zuschauer ins 13. Jahrhundert: www.spectaculum.de

Im Jahre 1606 vollendet, im Zweiten Weltkrieg zerstört, 1958 als Museum eröffnet: das Zeughaus

Erlebnisraum
Das moderne Köln

Den Rahmen sprengen

Im ausgehenden 19. Jahrhundert erfuhr Köln ein rasantes Wachstum. Als Bankenmetropole war die Stadt Anziehungspunkt für viele Unternehmer, die im Zuge der Industrialisierung Kapital für Unternehmensgründungen benötigten. Auch verkehrstechnisch war Köln hervorragend ausgestattet. Der Aufstieg zur modernen Großstadt spiegelte sich in der steigenden Einwohnerzahl: Waren es im Jahre 1861 noch rund hundertzwanzigtausend Einwohner, so waren es nach den Eingemeindungen zu Beginn des 20. Jahrhunderts bereits mehr als eine halbe Million – und viele Menschen benötigen viel Platz. Besonders hinderlich schien den Stadtplanern damals die mittelalterliche Stadtmauer. Begriffe wie „Denkmalschutz“ oder „kulturelles Erbe der Stadt“

Das Kölner Rheinpanorama mit Deutzer Brücke um 1925, von der rechten Rheinseite aus gesehen

waren noch nicht im Bewusstsein verankert – also wurde das siebenhundert Jahre alte mächtige Bollwerk 1883 nahezu vollständig abgerissen. Nur das Eigelsteintor im Norden, das Hahnentor im Westen und das Severinstor im Süden blieben erhalten. Die einzigen noch existierenden Türme sind heute die Ulrepforte und die Bottmühle, beide in der Südstadt. Die prächtige Kölner Neustadt entstand nach dem Vorbild der Pariser und Wiener Prachtstraßen. Bald war Köln die größte deutsche Stadt. Das Wachstum zeigte aber auch Schattenseiten: Die vielen Arbeiter, die die Stadt brauchte, wohnten beengt und unter primitiven sanitären Verhältnissen – es herrschte akute Wohnungsnot. Die Situation verschärfte sich sogar noch, als nach dem Ersten Weltkrieg infolge des Waffenstillstandsabkommens über fünfzigtausend britische Soldaten in Köln untergebracht werden mussten.

Ein grüner Stadtraum

1920 war ein weiteres bedeutendes Jahr für die Kölner Stadtentwicklung. Die Festungsanlagen, der letzte Kölner Verteidigungsring, wurden gesprengt. Oberbürgermeister Konrad Adenauer und Stadtplaner Fritz Schumacher verdanken wir den in dieser Zeit entstandenen Inneren Grüngürtel – Kölns „grüne Lunge". Fritz Schumachers städtebaulicher Gesamtplan schuf die Grundlage für Kölns Aufstieg zur Metropole des Rheinlandes. Diese Bedeutung wollten auch die Nationalsozialisten während des Dritten Reiches städtebaulich unterstreichen: Ihre Pläne sahen rechtsrheinisch im Stadtteil Deutz ein gigantisches „Gauforum" mit einem riesigen Aufmarschfeld vor, das zum neuen Zentrum Kölns werden sollte; außerdem sollten breite Verkehrsachsen durch Köln geschlagen werden. Glücklicherweise wurden diese Pläne nur zum geringen Teil verwirklicht.

Aus militärischen Befestigungsanlagen wurden städtische Erholungsräume, wie hier im Fort im Friedenspark.

Auferstanden aus Ruinen

Nach dem Zweiten Weltkrieg war die Kölner Innenstadt zu neunzig Prozent zerstört, einzig der Dom ragte aus der Trümmerlandschaft hervor. Insgesamt bestanden fünfundsiebzig Prozent des gesamten Stadtgebiets aus Ruinen. Wie war eine solche Stadt wiederaufzubauen? Man überlegte sogar, den alten Standort ganz aufzugeben und Köln an anderer Stelle neu erstehen zu lassen. Maßgeblich für das heutige Stadtbild wurden jedoch schließlich die Pläne des Generalstadtplaners Rudolf Schwarz: Köln sollte eine Doppelstadt werden, die zwei Funktionen erfüllte – im Süden sollte das Kultur- und Handelszentrum liegen, im Norden die Wohnstadt. Er kämpfte für die Bewahrung des alten Stadt-

1946: Blick über die kriegszerstörte Innenstadt auf den Dom

grundrisses an vielen Stellen und für den Wiederaufbau der zerstörten romanischen Kirchen und ihres Umfeldes. Als zentrale Verkehrsachsen waren die Nord-Süd-Fahrt und die Ost-West-Achse konzipiert, die in gemäßigter Form Pläne der NS-Zeit aufgriffen. Rückblickend kennzeichnete die Zeit des Wiederaufbaus ein typisch kölsches Mittelmaß: Es fehlten die radikalen Eingriffe in das Stadtbild wie zum Beispiel in Kassel, es fehlte aber auch die größtmögliche Wiederherstellung alter Stadtstrukturen. Da die Architektur des späten 19. Jahrhunderts nicht als erhaltenswert galt, wurde nach dem Krieg einiges abgerissen, was hätte wiederaufgebaut werden können. Das Hohenstaufenbad und die prächtige Oper sind nur zwei Beispiele.

Wohnungen, Wohnungen, Wohnungen

Das drängendste Thema der Nachkriegsjahre war der Wohnungsbau, denn die Menschen strömten zurück in ihr Köln, auch wenn der Wiederaufbau nicht Schritt halten konnte. Gemeinnützige Wohnungsbaugesellschaften wie die GAG errichteten zahlreiche Siedlungen, um rasch Abhilfe zu schaffen. Großsiedlungen mit Einfamilienhäusern entstanden, darunter auch Kölns größte städtebauliche Sünde: Chorweiler im Norden. Mit der letzten Eingemeindung Mitte der 1970er-Jahre wurde Köln schließlich zur Millionenstadt.

Städtebauliche Akzente

In den letzten dreißig Jahren wurden verschiedene Großprojekte verwirklicht, die wichtige städtebauliche Akzente setzten. Dazu gehört das Areal von Rheinufertunnel, Wallraf-Richartz-Museum/Museum Ludwig und Philharmonie, der MediaPark, die KölnArena mit dem Bezirksrathaus, das Schokoladenmuseum und das Museum Kolumba, das neue

2009: Blick vom Dom auf die Dächer der Kölner Innenstadt

Wallraf-Richartz-Museum, das neue Rautenstrauch-Joest-Museum, der Rheinauhafen und eine Vielzahl hochwertiger Hotelbauten. Und auch rechtsrheinisch gehen von der Umgestaltung des Wiener Platzes und der neuen Bebauung des Geländes der stillgelegten Chemischen Fabrik Kalk neue Impulse für die Stadt aus. Im Rahmen der Regionale 2010 versprechen der neue Rheinboulevard und der dritte Grüngürtel maßgeblichen Einfluss auf den Kulturlandschaftsraum Köln zu nehmen.

Via Architectura in drei Teilen

Josef Stübben, der Ende des 19. Jahrhunderts verantwortlicher Stadtbaumeister war, orientierte sich für die Neugestaltung der Ringe an den berühmten Boulevards von Paris und den Wiener Ringstraßen. Auf dem nachfolgend beschriebenen Weg „Links und rechts der Ringe“ können Sie das heutige Bild der Ringe in Augenschein nehmen und mit kleinen Abstechern nach links und rechts Beispiele aus rund hundertdreißig Jahren Architekturgeschichte entdecken. Der zweite Teil der *Via Architectura* führt Sie dann zu herausragenden zeitgenössischen Bauten – einschließlich mehrerer Museen. Und einen eigenen Stellenwert besitzt zu guter Letzt der Flughafen Butzweilerhof: Das unter Denkmalschutz stehende Ensemble ist ein beeindruckendes Beispiel für das Neue Bauen der 1920er-Jahre.

Die von Wilhelm Riphahn entworfene Oper eröffnete im Frühjahr 1951 mit der Oper „Oberon“.
Das „Siebengebirge“ im städtebaulichen Vorzeigeprojekt Rheinauhafen

Via Architectura I
Start
Via Architectura II
Start
Ziel
Ziel
Ziel
Projektraum: Archäologische Zone
0 250 m
N
MediaPark
Ebert-pl.
Theod.-Heuss-R.
Theodor-Heuss-Ring
Hansaring
Thürmchenswall
Dagobert-str.
Domstr.
Konrad-Adenauer-Ufer
St. Kunibert
Eigelstein
Turiner
Weiden-g.
Ritterstr.
Bremer Str.
Maybach-str.
Hansa-pl.
Am Kümpchenshof
Kyotostr.
Hansa-ring
Erft-str.
Gladbacher Str.
Kaiser-Wilhelm-Ring
St. Ursula
Victoria-str.
Christophstr.
St. Gereon
Gereonstr.
Börsen-platz
Haupt-bahnhof
Hildebold-platz
St. Andreas
Komödienstr.
Burgmauer
Dom
Hohenzollern-brücke
Zeughausstr.
Friesenstr.
Magnus-str.
Appellhof-pl.
Mus. für Angew. Kunst
Roncalli-pl.
RGM
Mus. Ludwig Philharmonie
Schwalben-g.
Minoritenk.
Hohenzollernring
Friesen-wall
Ehrenstr.
Breite Str.
Glockeng.
Praetorium
Rathaus
Alter Markt
Oper
Brückenstr.
Obenmarspf.
Schauspielhaus
Tunisstr.
WRM
Gürzenich
Mittelstr.
St. Aposteln
Antoniterk.
Schilderg.
Ludwigstr.
Gürzenichstr.
Rudolf-platz
Hahnenstr.
Neumarkt
Kroneng.
Stadthaus
Heumarkt
Deutzer Brücke
Cäcilienstr.
St. Maria im Kapitol
Am Leystapel
Rhein
Schaafen-str.
St. Cäcilien
St. Peter
Nord-Süd-Fahrt
An der Malzmühle
Rheing.
Leonh.-Tietz-Str.
Sterneng.
Overstolzenhaus
St. Mauritius
Trinitatiskirche
Malakoffturm
Kämmergasse
Gr. Witschg.
St. Maria Lyskirchen
Schokoladen-museum
Jahnstr.
Blaubach
Tel-Aviv-Str.
St. Georg
Holzmarkt
Hohenstaufenring
Rothgerberbach
Perlengraben
Severinstr.
Severins-brücke
Barbarossa-pl.
St. Pantaleon
Waisenhausgasse
Am Trutzenberg
Im Zollhafen
Trierer Str.
Salierring
St. Maria vom Frieden
Ulrichgasse
Rheinauhafen
Kartäuserwall
Sachsenring
Kartäuserkloster
Agrippinawerft
Lothringer Str.
Kartäuserwall
Severinstr.
Dreikönigen-str.
St. Severin
Volksgartenstr.
Chlodwig-platz
Ubierring
Bayenturm
Karolingerring
Volksgarten
Metzer Str.
Maternusstr.
Römerpark
Claudiusstr.
Vorgebirgsstr.
Merowinger-str.
Rolandstr.
Lutherkirche
Bonner Str.
Teutoburger Str.
Agrippinaufer
Am Bayenturm
Harry-Blum-Pl.
A.-Schneider-Steig
Kurt-Hackenberg-Pl.
Agrippinawerft
Maternusstr.
Claudiusstr.
Agrippinaufer
M.-L.-King-Pl.
Friedenspark
Heinemann-Ufer
Gustav-Heinemann-Ufer
Schönhauser Str.
B 9
B 55
B 265
B 51

Via Architectura I: Links und rechts der Ringe

Die „Ringe", wie die Kölner die halbkreisförmig verlaufenden sieben Straßenabschnitte schlicht nennen, beginnen im Norden am Konrad-Adenauer-Ufer und enden im Süden am Rheinauhafen. Heute vermittelt nur noch der Kaiser-Wilhelm-Ring den Eindruck früherer Pracht. Doch eine Flaniermeile, um zu sehen und gesehen zu werden, sind die Ringe auch heute noch in weiten Teilen. Und das ein oder andere prächtige Gebäude aus der Zeit der Jahrhundertwende hat den Zweiten Weltkrieg und die darauf folgende Abrisswelle klassizistischer Gebäude überlebt. Das prächtige Opernhaus aber, dessen Kriegsschäden durchaus hätten behoben werden können, ist nur ein Beispiel für so manchen bedauernswerten Verlust.

Was können Sie hier tun und erleben?

Auf diesem zu Fuß etwa vierstündigen Weg vom Theodor-Heuss-Ring im Norden bis zum Ubierring im Süden können Sie rund hundertdreißig Jahre Architekturgeschichte erleben: von der ehrwürdigen Handelsschule über das erste Hochhaus Kölns bis zur umfassenden Neugestaltung des riesigen Areals des ehemaligen Güterbahnhofs Gereon. Der Weg lässt sich in Einzelabschnitte teilen, sodass der MediaPark zum Beispiel als eigenständige Exkursion erkundet werden kann. Zwischen Barbarossaplatz und Chlodwigplatz können Sie außerdem zur Abkürzung zwei Stationen oberirdisch mit der Straßenbahn fahren und die beschriebenen Gebäude während der Fahrt entdecken. Sie können den Weg natürlich auch in umgekehrter Richtung von Süden nach Norden gehen oder sogar mit dem Fahrrad fahren, da auf vielen Ringabschnitten ein Fahrradweg vorhanden ist.

Anfahrtspunkt:
Bastei am Konrad-Adenauer-Ufer 80; bei umgekehrter Wegrichtung: Ubierring

Parkmöglichkeiten:
Kostenpflichtige Parkbuchten am Theodor-Heuss-Ring und am Rhein; bei umgekehrter Wegrichtung: Parkhaus Rheinauhafen oder Parkbuchten am Ubierring

Anreise mit ÖPNV:
U-Bahn-Linien 15 und 16, Haltestelle Ebertplatz; bei umgekehrter Wegrichtung: Haltestelle Ubierring
Buslinien 140 und 148

Die Karte zu dieser Tour finden Sie auf S. 85.

Zwei geschwungene Baukörper bilden im Kölner MediaPark die sogenannte „Wohnschlange", die an einem kleinen Park mit See liegt.

Vom Rhein zum Ring

Beinahe schwerelos schiebt sich das runde Panoramageschoss der Bastei über den Rhein. Wilhelm Riphahn entwarf 1924 diesen expressionistischen Bau an der Stelle eines preußischen Befestigungsturms. Viele Jahre beherbergte die Bastei ein Restaurant, heute kann sie für besondere Anlässe gemietet werden. Über die schönen Grünanlagen des Theodor-Heuss-Rings geht es in Richtung Hansaring. Am Theodor-Heuss-Ring 9 steht eines der wenigen Jugendstilgebäude Wiener Vor-

Zu den prachtvollen Plätzen auf den Ringen zählte auch der Ebertplatz, hier eine Ansicht um 1910.

Der erste Durchbruch der Stadtmauer nahe dem Gereonstor im Jahre 1883

bilds in Köln, die Villa Bestgen. Erbaut zwischen 1901 und 1903, galt das Gebäude seinerzeit als das modernste der Stadt. Ein charakteristisches Kennzeichen des Wiener Jugendstils ist das von organischen Formen wie Blumenranken, Blättern oder Blüten inspirierte Dekor – Sie sehen es in den oberen Fensterzonen. Das Neptunbad in Ehrenfeld ist das einzig noch erhaltene öffentliche Gebäude des Kölner Jugendstils. An der Ecke Theodor-Heuss-Ring / Riehler Straße fällt das Oktogon, ein vielgeschossiges, achteckiges Turmhochhaus aus dem Jahre 1973 ins Auge.

Skulptur und Handtuch

Von der linken Seite des Theodor-Heuss-Rings führt uns ein Abstecher kurz vor der Turiner Straße nach links in die Domstraße. Unvermittelt fällt die eigenwillige Eckbebauung von Peter Kulka auf. In einem Umfeld von Häusern aus der Gründerzeit und verschiedensten Bauten des ausgehenden 20. Jahrhunderts setzt Kulka mit diesem Kubus einen nachdrücklichen Akzent. Ist die Fassade zur Domstraße hin völlig eben, dominiert zur Dagobertstraße der weit auskragende Würfel im Obergeschoss. Die unterschiedlich gesetzten Fenster geben jeder Fassade ein eigenes Gesicht. Zum Zeitpunkt seiner Fertigstellung im Jahre 2004 war Kulkas skulpturales Gebäude sehr umstritten. Marie Hüllenkremer, die damalige Kulturdezernentin der Stadt, verteidigte seinen Entwurf gegen die Meinung von Denkmalschützern. Über die Turiner Straße und leicht nach links schwenkend gelangen Sie in den Stavenhof. Die Architekten b & k + haben hier in beeindruckender Weise eine für die Kölner Innenstadt typische „handtuchbreite" Baulücke geschlossen. Trotz der geringen Breite von drei Metern im unteren Bereich bieten die modulartigen Grundrisse den Bewohnern eine große Flexibilität bezüglich

der Wohnungsnutzung, und durch den Innenhof fällt reichlich Tageslicht ein. Die grau-bläulich schimmernden Fassadenfliesen erinnern an den „rheinischen Klinker“, mit dem in den 1950er-Jahren viele Fassaden verkleidet wurden. Über den Gereonswall gehen Sie nun in die Lübecker Straße und von dort auf den Hansaring. Hier trifft der Abstecher wieder auf unseren Hauptweg bei Haus Nummer 11.

Das Haus Nummer 11 ist ein herrschaftliches Mietshaus von 1888 und ein Beispiel des für die Ringe typischen Baustils: Die Architektur ab Mitte des 19. Jahrhunderts, die historische Formen kopierte oder interpretierte, nennt man Historismus oder, weil sie zeitlich mit der Industrialisierung zusammenfiel, auch Gründerzeitarchitektur. Sie nimmt Bezug auf die Gotik, die Romanik, die Renaissance und den Barock.

Haus Nr. 43 ist ein schönes Beispiel der Neorenaissance, erbaut um 1888. Die damaligen Besitzer kopierten detailgenau die italienische Architektur, die ihre Blütezeit zwischen dem 15. und 16. Jahrhundert hatte. Die ehemalige Handelsschule von 1899 (Haus Nr. 54–56), ebenfalls im Stil des Historismus gehalten, lässt noch ihre frühere Pracht erahnen. Erhalten sind die charakteristischen drei großen Fenster über den drei Eingangsportalen.

Das Hansahochhaus am Hansaring 97 war zu seiner Entstehungszeit 1925 das höchste nicht kirchliche Gebäude Europas und stolzes Zeichen der Moderne. Der Architekt Jacob Koerfer baute den Turm mit einem Eisen-Beton-Skelett nach amerikanischem Vorbild – es war Kölns erstes Hochhaus überhaupt. Das markante Turmhaus besitzt siebzehn Etagen,

Das Hansahochhaus von 1925 ist auch heute noch ein augenfälliges Wahrzeichen.

Achteckiges Turmhochhaus am Ebertplatz mit markanter Sichtbeton-Fertigteil-Fassade von 1973

und sein Inneres birgt noch heute ein funktionsfähiges Paternoster. Von dem ehemals dreiteiligen Backsteinbau-Ensemble sind nur der Turm und der siebengeschossige Hauptbau erhalten.

Architektur im Halbkreis – der MediaPark

Der MediaPark befindet sich auf dem zwanzig Hektar großen Gelände des früheren Güterbahnhofs Gereon – das entspricht in etwa der Größe von achtundzwanzig Fußballfeldern. Er ist überwiegend ein Standort für Unternehmen aus der Medien- und Kommunikationswirtschaft: Neben einem Hotel sind hier Musikbetriebe, die Radiosender „1Live“ und „Radio Köln“, das Multiplex-Kino „Cinedom“, kulturelle Einrichtungen wie die SK Stiftung Kultur und das Tanzarchiv Köln, zahlreiche gastronomische Betriebe und viele andere Unternehmen angesiedelt. Was heute wie aus einem Guss wirkt, ist das Ergebnis mühseligen Ringens und einer langen Zeit des Stillstands aufgrund sich verschlechternder wirtschaftlicher Rahmenbedingungen. Rund dreizehn Jahre dauerte es, bis der letzte Teil 2004 bezogen werden konnte.
Genießen Sie bei sonnigem Wetter die Möglichkeit, auf einer der zahlreichen Außenterrassen einen Kaffee zu trinken oder eine Kleinigkeit zu essen. Schauen Sie ruhig auch mal in das Innere der verschiedenen MediaPark-Gebäude – auch die Lobbys der Bürogebäude lohnen einen Blick. Auf dem See können Sie Bötchen fahren, und ein kleiner Rundgang hinter den Wohnbebauungen führt Sie über die Fußgängerbrücke zu den stillen Hügeln des Inneren Grüngürtels.

Flanieren auf den Ringen

Zurück auf dem Kaiser-Wilhelm-Ring zwischen Christophstraße und Gereonshof kann sich der Flaneur heute ähnlich fühlen wie nach der

Das trapezförmige, luftige Bürogebäude mit den gerundeten Kanten entwarf der Kölner Architekt Miroslav Volf für den MediaPark.

Entstehung der Ringe im ausgehenden 19. Jahrhundert: Plätschernde Brunnen, blühende Blumenrabatten, Bänke zum Verweilen, eine kleine Brücke über die Wasserfläche – es fehlen nur noch die Damen in Reifröcken und mit Spitzensonnenschirm. Dank einer Initiative von Geschäftsleuten präsentiert sich dieser Ringteil in seiner heutigen Gestalt. Der Plan, einen Großteil der Ringe in alter Pracht erstrahlen zu lassen, ließ sich allerdings bisher nicht realisieren.

Kurz vor dem Friesenplatz erhebt sich ein großer Komplex, an dem sich die Geister scheiden: Viele sehen in dem von Norman Foster entworfenen „Gerling Ring-Karree" ein architektonisches Highlight, das sich hervorragend an diesem Platz einfügt und dem ganzen Viertel neues Leben einhaucht. Andere sehen in dem ökologischen Bau – er kommt ohne Klimaanlagen aus, nutzt Sonnenenergie und weitere wohldurchdachte Klimakonzepte – schlicht einen viel zu hohen Klotz. Unstrittig ist aber das quirlige Leben, das an der Kopfseite des Friesenplatzes in den Kneipen des Gerling Ring-Karrees herrscht – unzählige gut besetzte Sitzplätze der Außengastronomie vermitteln südländisches Flair. An dieser Stelle lohnt ein kurzer Abstecher in die Friesenstraße, die aufwendig renoviert ein schönes Straßenbild aus der Zeit um 1900 zeigt.

Das Gebäude im Hohenzollernring 53, „Haus Taschen", ist nach dem Taschen Verlag benannt. Es ist der einzig verbliebene Teil einer beeindruckenden Häusergruppe von 1885, die reich verzierte Fassaden und turmartige Dach-

Die moderne Gestaltung des Kaiser-Wilhelm-Rings lehnt sich mit antikisierendem Zierrat und traditionellen Materialien an die Ursprungsform vor hundert Jahren an.

aufbauten schmückten. Wo heute im obersten Geschoss ein Dreiecksgiebel den Abschluss bildet, prangte einst ein imposanter Rundbogen. Ein Stück weiter sehen Sie den „Ringhof", einen von Hans Schilling entworfenen sogenannten Kopfbau aus dem Jahre 1955 mit einem markanten, weit auskragenden „fliegenden" Dach.

Im gegenüberliegenden Haus Nummer 22–24, dem „UFA-Palast", laufen heute wie schon 1931 Filme für Jung und Alt. Wilhelm Riphahn und Caspar Maria Grod entwarfen dieses Kino, das zu den spektakulärsten Neubauten seiner Zeit gehörte: Dreitausend Zuschauer fasste der Hauptsaal und war damit der größte in Deutschland.

Achtundfünfzig Jahre lang hatte eine Baulücke das Straßenbild kurz vor der Aachener Straße geprägt. Noch 1990 gab es in Köln über fünftausend dieser Lücken; mittlerweile sind es über die Hälfte weniger. Seit 2003 zeigt das Hotel- und Geschäftshaus am Hohenzollernring deutlich sein architektonisches Konzept. Mit seiner transparenten Glasfassade und den gläsernen Schaukästen bringt es auf den Punkt, worum es auf Kölns Flaniermeile geht: Sehen und gesehen werden! Nur ein Haus weiter stoßen Sie auf eines der Gebäude aus nationalsozialistischer Zeit, den früheren „Prinzenhof", der der progressiven Richtung des sogenannten „Neuen Bauens" zugerechnet wird. Wo man sich heute eher rustikal verköstigt, pflegte man 1936 auf der Empore und im Erdgeschoss mit Blick auf die Ringe fürstlich zu speisen.

Auf dem Hohenstaufenring zwischen Rudolfplatz und Barbarossaplatz gibt es aus architektonischer Sicht wenig, was das Auge erfreut. Doch dafür bieten auf dieser Designmöbel-Meile viele interessante Geschäfte Kurioses, Vertrautes und Unbekanntes. Wer sich ein wenig entspannen möchte, kann vom Rudolfplatz bis zum Chlodwigplatz mit der U-Bahn fahren.

Meilenstein der Sanierung des Friesenviertels: das Gerling Ring-Karree des britischen Architekten Lord Norman Foster

Die Ringe als Grünzone

Der vor dem Zweiten Weltkrieg wunderschöne Barbarossaplatz ist heute zu einem reinen Verkehrsknotenpunkt mit hässlicher Zweckbebauung verkommen und verdient im Grunde die Bezeichnung Platz nicht mehr. Zwei Dinge sind jedoch einen Blick wert: der Neubau mit dem auffälligen Dach aus dem Jahre 1957, den die Stadtsparkasse Köln am Ort der früheren Endhaltestelle der alten Köln-Bonner Eisenbahnen errichtete, und – unmittelbar dahinter – das gekrümmte Bürogebäude von Hentrich, Petschnigg & Partner aus dem Jahre 1993. Fixiert zwischen zwei Spuren der hier geteilten Luxemburger Straße strahlt das klare, zweiflügelige Gebäude mit seiner Stahl-Glas-Fassade auf sein Umfeld eine gewisse Ruhe aus. Der Verkehrsfluss scheint sich durch den spitzen Winkel zu teilen – ein Eindruck, den der reale Wasserlauf vor dem Gebäude weiter verstärkt.

Wenn Sie an diesem Punkt ein wenig Ihre Füße schonen möchten, lässt sich der folgende Wegabschnitt bis zum Chlodwigplatz auch mit der Straßenbahn erleben. Die beiden Ringabschnitte Salierring und Sachsenring bieten ein ganz anderes Bild als die Ringe zuvor: Der Straßenverlauf ist geteilt und in der Mitte begrünt. Linker Hand können Sie im unbebauten Grünstreifen den Verlauf der mittelalterlichen Stadtmauer erahnen – auch ein Mauerstück findet sich noch. Rechter Hand sehen Sie die unterschiedlichsten Nachkriegsbauten in dichtem Grün, unter denen zwei Gebäude besonders hervorstechen. Eines davon ist das markante Victoria Ensemble des Architekten Thomas van den Valentyn mit einem glä-

Gegenüber einem Stück mittelalterlicher Stadtmauer liegt das Victoria Ensemble.
Originalansicht des Kopfbaus von Hans Schilling aus dem Jahre 1955

Sehen und Gesehenwerden als architektonisches Gestaltungsprinzip: modernes Hotel am Hohenzollernring neben einem gründerzeitlichen Wohn- und Geschäftshaus

sernen, schrägen Doppelturm und einem gleichfalls gläsernen, rechteckigen Haupthaus. Der Doppelturm greift die mittelalterliche Stadtmauer auf. Der an den kleinen Platz angrenzende, schwarz verkleidete Bau mit den quadratischen Fenstern nimmt Bezug auf einen prominenten Nachbarn – die ehemalige Volkshilfe-Versicherung von Egon Eiermann aus dem Jahre 1957. Das zweite Gebäude, das Französische Kulturinstitut im Sachsenring 77, ist ein Riphahn-Entwurf aus dem Jahre 1953. Auch wenn es mittlerweile in die Jahre gekommen ist, verströmt das Institut doch bis heute mit seiner Symmetrie der quadratischen, gleich großen Fenster, dem Pultdach und den schlanken Profilen der Eingangs- und Treppenhalle den puren Fünfzigerjahrestil.

Repräsentieren am Ubierring

Nach seiner Neugestaltung im Rahmen des U-Bahn-Baus vermittelt der Chlodwigplatz inzwischen wieder ein lange Zeit vermisstes Platzgefühl. Zu beiden Seiten des Ubierrings sind noch prächtige Bauten der Gründerzeit zu sehen, und auch ein Abstecher links und rechts des Rings enthüllt noch den Charme eines Viertels um 1900. Ein repräsentatives öffentliches Gebäude beherbergte bis vor Kurzem das Rautenstrauch-Joest-Museum, das zum Ende 2009 in sein neues Domizil am Josef-Haubrich-Platz umgezogen ist. Obwohl das Gebäude zu Beginn des 20. Jahrhunderts errichtet wurde, ist es im Stil des Spätbarock gestaltet, der rund zweihundert Jahre zurücklag. Schräg gegenüber befindet sich ein Teil der alten Universität, die ihren Hauptsitz in der unweit gelegenen Claudiusstraße 1 hatte. Der Anfang des 20. Jahrhunderts errichtete Bau mit dem runden Eingangsturm und dem rückseitig gelegenen kleinen Campus – heute eines der Hauptgebäude der Fachhochschule – prägt dieses kleine Areal der Südstadt entscheidend.

Hiltrud Kier

Der frühere Oberstadtdirektor Kurt Rossa soll sie einmal als „einzigen Mann in der Kölner Verwaltung" bezeichnet haben: Hiltrud Kier hat über viele Jahrzehnte als Stadtkonservatorin für den Erhalt kölntypischer Bausubstanz gekämpft. Als Frau ohne Furcht wurde sie bezeichnet, ihre Gradlinigkeit, Willensstärke und Durchsetzungsfähigkeit werden immer wieder betont. Weniger Wohlmeinende bezeichneten sie als dickköpfig. Mit ihrem Engagement machte sie die Denkmalpflege weit über die Grenzen Kölns hinaus bekannt.

Kampf um die Kölner Neustadt

Der Erhalt von Bauten des 19. Jahrhunderts war Hiltrud Kier ein besonderes Anliegen. Schon 1973 übernahm sie für die Fritz Thyssen Stiftung das Forschungsprojekt, die Kölner Neustadt erstmals kunsthistorisch einzuordnen. Die Kölner Neustadt ist für Hiltrud Kier in ihrer spätklassizistischen Struktur die größte und wichtigste Stadterweiterung Deutschlands überhaupt. Als sie 1978 die Nachfolgerin des Stadtkonservators Fried Mühlberg wurde, verfielen die baulichen Reste, die der Krieg hinterlassen hatte und die noch nicht abgerissen waren, in aller Stille. Investoren und Bauherren zeigten wenig Verständnis für die Pläne der Stadtkonservatorin, weil sich der Zeitgeist auf alles Neue konzentrierte und die „alten Gemäuer" in den Augen von Investoren und Spekulanten keinen Wert besaßen.

Die Wohnhäuser und Repräsentationsbauten am Ubierring und in den Seitenstraßen lassen noch den Glanz vergangener Zeiten erahnen.

Förderverein Romanische Kirchen Köln

Mindestens ebenso sehr lag ihr, der österreichischen Protestantin, der zügige Wiederaufbau der romanischen Kirchen am Herzen. Sie initiierte die Gründung des Fördervereins Romanische Kirchen Köln e. V., deren Ehrenvorsitz dem Erzbischof und dem Stadtoberhaupt angetragen wurde. Im Jahr 1981 rief sie 1985 als das Jahr der romanischen Kirchen aus – bis zu diesem Zeitpunkt sollten zumindest die Rohbauarbeiten an allen romanischen Kirchen fertiggestellt sein. Der Förderverein hatte einen Nerv getroffen und fand enormen Zuspruch und breite Unterstützung in der Bevölkerung.

Ideen und neue Wege

Für die Architektur der 1950er-Jahre, die von vielen abfällig beurteilt wurde, setzte sie sich ein. Eines der schönsten Gebäude dieser Zeit ist das von ihr denkmalgeschützte „Kaufhof"-Parkhaus an der Cäcilienstraße; auch der gesamte Gerling-Komplex wurde in ihrer Amtszeit unter Denkmalschutz gestellt.

Von Hiltrud Kier stammte zudem die Idee, Patenschaften für alte, kunsthistorisch wertvolle, aber nicht mehr belegte Gräber auf dem Melatenfriedhof zu vergeben. Der Pate verpflichtet sich zur Pflege und Bewahrung des gewählten Kulturguts und kann sich später an diesem besonderen Ort bestatten lassen. Das Modell machte bundesweit Schule.

Von 1990 bis 1997 war Hiltrud Kier Generaldirektorin der Museen der Stadt Köln und Leiterin der Bodendenkmalpflege. Sie lebt heute in Zülpich, ist als Honorarprofessorin in Bonn sowie im Vorstand des Fördervereins Romanische Kirchen Köln tätig und nimmt weiterhin großen Anteil an den aktuellen städtebaulichen Themen Kölns.

Hiltrud Kier war viele Jahre lang engagierte Stadtkonservatorin von Köln.

Via Architectura II: Vom Hauptbahnhof zum Rheinauhafen

Dieser zweite Teil der *Via Architectura* führt zu herausragenden zeitgenössischen Bauten in der Innenstadt. Hierzu zählen der neu gestaltete Vorplatz des Hauptbahnhofs, berühmte Museen oder Büro- und Geschäftsbauten. Durch den Abriss ganzer Karrees wie an den Ecken Komödienstraße / Tunisstraße oder Nord-Süd-Fahrt / Cäcilienstraße wurden Stadträume geschaffen, die diesen Orten ein gänzlich neues Gesicht geben. Die Entwürfe stammen sowohl von renommierten Trägern des international angesehenen Pritzker-Preises – der höchsten Auszeichnung für Architektur – wie auch von anderen Architektenbüros, denen es gelang, kleine Perlen in einem eher gesichtslosen Umfeld zu erschaffen.

Was können Sie hier tun und erleben?

Der rund zweistündige Weg führt Sie zu Fuß vom Hauptbahnhof aus in Schleifen in den Kölner Süden. Falls Sie die beschriebenen Museen besuchen, sollten Sie entsprechend mehr Zeit einplanen. Sie können zwischen zwei Endpunkten wählen: Die kürzere Variante des Weges endet am Schokoladenmuseum, die längere führt durch den Rheinauhafen bis zu den ersten „grünen" Gebäuden Kölns, den Cologne Oval Offices am Gustav-Heinemann-Ufer.

Anfahrtspunkt:

Beginn des Weges ist der Hauptbahnhof; wenn Sie den Weg in umgekehrter Richtung gehen möchten, beginnen Sie am Schokoladenmuseum oder an den Cologne Oval Offices am Gustav-Heinemann-Ufer

Parkmöglichkeiten:

Parkhäuser am Dom und auf der Rückseite des Hauptbahnhofs; bei umgekehrter Wegrichtung: Parkhaus Rheinauhafen

Anreise mit ÖPNV:

U-Bahn-Linien 5, 16 und 18, S-Bahn-Linien 6, 11 und 13, Haltestelle Hauptbahnhof
Buslinien 132, Haltestelle Hauptbahnhof, oder 250, 260 und 978, Haltestelle Breslauer Platz; bei umgekehrter Wegrichtung: Buslinie 106, Haltestelle Schokoladenmuseum

Die Karte zu dieser Tour finden Sie auf S. 85.

Das „Dominium" des Berliner Architekten Hans Kollhoff aus dem Jahre 2009 greift historische Bezüge des städtischen Umfelds auf.

Städtischer Willkommensgruß

Die große Halle des Kölner Hauptbahnhofs ist ein markanter Teil des unverwechselbaren städtebaulichen Ensembles Kölns. Mit ihren über zweihundertfünfzig Metern Länge und vierundsechzig Metern Breite gehörte sie nach ihrer Errichtung Ende des 19. Jahrhunderts zu den größten ihrer Zeit. Dabei ist sie in der Höhe bewusst niedrig gehalten – aus Respekt vor dem Dom. Krieg und Nachkriegszeit überstand sie unbeschadet. So wie die Haupthalle heute unter Denkmalschutz steht, waren auch die ehemaligen Bahnhofsvordächer in die Liste aufgenommen worden. Die Korrosion hatte im Laufe der Jahre allerdings heftig an der Tragkonstruktion genagt, sodass sie mit Zustimmung des Denkmalschutzes abgeris-

Früher ein unwirtlicher Willkommensgruß, heute ein lichter, freundlicher Platz mit einladender Freitreppe zum Dom: der Bahnhofsvorplatz

sen und Ende der 1980er-Jahre nach Plänen von Busmann + Haberer (mit Stefan Polónyi) neu errichtet wurden. Die gewählte Kreuzgewölbekonstruktion verweist durch die Nachbildung der Bogenform sowohl auf die Bahnhofshalle als auch auf die gotische Architektur des Doms. Die Dachkonstruktion ruht auf insgesamt zweiunddreißig Stützen, die die Kreuzgewölbe tragen; die gekrümmten Dachelemente sind aus ebenen Glasflächen gebildet.
Nach Verlassen der Bahnsteige in Richtung Dom/Zentrum kommen Sie am „Zeitcafé" vorbei, dessen gläserne Hülle sich zur Hälfte aus der Bahnhofsfassade herausschiebt und so den Innenbereich mit dem Außenbereich verbindet. Die denkmalgeschützte Glasfassade aus dem Jahre 1957 wurde 2009 für rund siebenhunderttausend Euro erneuert. Viele Jahrzehnte lang boten der Bahnhofsvorplatz und die höher gelegene Domplatte kein schönes Bild, doch heute tritt der Reisende aus dem Bahnhof und wird von der Weite des schlichten Bahnhofsvorplatzes empfangen. Die breite, helle Domtreppe lädt ihn ein, zum Domvorplatz emporzusteigen. Auf den durchgehenden, in drei Absätze unterteilten Stufen legen Touristen eine Pause ein, warten Reisende auf ihre Züge, spielen Musiker. Zwei Kopfbauten zu beiden Seiten der Treppe bilden durch ihre ruhige Gestaltung einen klaren Abschluss. Ohne die Umgestaltung des Bahnhofsvorplatzes, die einen Entwurf der Architekten Schaller/Theodor verwirklichte, gäbe es auch die „Kunstbar" am Chargesheimerplatz 1 unter der Domtreppe nicht. Durch die gläserne Fassade des Cafés können Sie einen Blick in das künstlerisch gestaltete Innere werfen: Der Grundriss hat die Form einer Banane und erstreckt sich bis unter die Freitreppe. Bereits seit 2002 liegen ebenfalls Pläne für den Umbau der Domplatte vor, um den unwirtlichen Teil zwischen Domchor und Museum Ludwig heller und ansprechender zu gestalten.

Die alten Bahnhofsvorhallen waren marode und wurden durch die leichte Kreuzgewölbekonstruktion von Busmann + Haberer/Polónyi ersetzt.

Kunst und Konten

Steigen Sie die Domtreppe hinauf und wenden Sie sich nach links zum heutigen Museum Ludwig. Der Eingangsbereich des vom Kölner Architekturbüro Busmann + Haberer 1986 als Doppelmuseum entworfenen Baus wurde 2004 umgestaltet, als das Wallraf-Richartz-Museum in einen eigenen Bau am Rathausplatz umzog. Das neue Foyer stammt aus der Feder des berühmten niederländischen Architekten Rem Koolhaas (OMA – Office for Metropolitan Architecture). Deutlich größer als in der Vorgängerversion bietet der Eingang unmittelbaren Zugang zur Kunst und erschließt das Museum vom Domplatz aus. Die gewaltige Baumasse des Museums Ludwig wird durch Unterteilungen und Staffelungen gegliedert; besonders der Blick von oben zeigt diese Auflockerung und auch die intelligente Tageslichtführung in die Räume mittels der zahlreichen Sheddächer. Eine Treppenanlage verbindet den Heinrich-Böll-Platz – den der israelische Künstler Dani Karavan gestaltete – mit der Promenade und den Anlagen der Frankenwerft. Unter dem Platz liegt die Kölner Philharmonie, und damit man während der Proben und Aufführungen die gerne hier übenden Skater nicht hört, halten Ordnungskräfte bei Konzerten den Heinrich-Böll-Platz frei.
Auf dem Weg zum nächsten Gebäude gehen Sie an der Südseite des Doms vorbei. Das sogenannte „Dominium“ an der Ecke Komödienstraße / Turinstraße ist ein 2009 fertiggestellter Versicherungskomplex, der die unverwechselbare Handschrift des Berliner Architekten Hans Kollhoff trägt. Die Stirnseiten greifen historische Bezüge der vorhandenen Gebäude und Plätze auf, zwei denkmalgeschützte Fassaden sind dabei in die unterschiedlichen Tuff- und Sandsteinfronten integriert. Kollhoff spielt hier mit der Frage: Was ist neu und was ist alt? Kritiker bezeichnen Kollhoff, der mit strengen Kriterien für die Neubauten Berlins viel

Der Blick vom Dom zeigt die gefaltete Dachlandschaft des Museums Ludwig.

von sich reden machte, als wertkonservativen Traditionalisten mit wenig Fantasie. Befürworter sehen in ihm einen Beseelten, der schnelllebige Beliebigkeit in der Architektur abwehrt und mit seinen Bauten Ruhe in unsere hektische Zeit bringen möchte.

Die Kleinen und die ganz Großen

Nur wenige Straßen weiter, in der Schwalbengasse 32, steht ein kleines Wunder: Das zwölfgeschossige Haus mit nur viereinhalb Metern Breite wurde mit dem HÄUSER-AWARD 2009 ausgezeichnet. Dem Architektenpaar Leipertz/Kostulski und seiner Tochter bietet es sowohl ausreichenden Wohn- als auch Arbeitsraum. Möglich wird dies durch die Zwischenebenen, die man dem fünfgeschossigen Äußeren nicht ansieht. Ein Lichtschacht im Kern des schmalen und relativ tiefen Gebäudes holt die Sonne bis ins Kellergeschoss.

Die Schwalbengasse geht zunächst in die Kupfergasse über, dann geht es rechts durch Auf der Ruhr bis zur Ecke Breite Straße. Hier füllen die WDR-Arkaden des weltberühmten Kölner Architekten Gottfried Böhm das Karree bis zur Tunisstraße. Sechsundsiebzigjährig vereint Pritzker-Preisträger Böhm hier in seinem Alterswerk viele für sein Schaffen charakteristische Merkmale: Skulpturales, Leichtigkeit, Transparenz, Farbigkeit, Material- und Formenvielfalt. Im Inneren gruppieren sich im öffentlichen Teil Geschäfte um einen Brunnen, der von vielen etwas spöttisch „Motte“ genannt wird. Im nur für den WDR zugänglichen Teil sind alle Büros um eine hohe, mittige Haupthalle angeordnet; beide Seiten sind über Stege verbunden. Das Anliegen des Architekten und des Bauherrn war, mit größtmöglicher Transparenz ein offenes Haus, ein offenes Arbeiten zu symbolisieren – dementsprechend wurde hauptsächlich Glas verbaut. Nutzer und Besucher empfinden dies mitunter

Das schmale Haus in der Schwalbengasse 32 wurde für sein originelles Konzept mit dem 1. Preis des HÄUSER-AWARD 2009 ausgezeichnet.

anders: Viele Mitarbeiter haben die gläsernen Wände ihrer Büros verhängt und zugestellt, um sich vor dem stets ungehinderten Einblick zu schützen. Die markante äußere Ecke mit den gedrehten, gläsernen Kuben und den abends rhythmisch aufleuchtenden blauen WDR-Kreisen ist für Fußgänger wie Autofahrer ein Blickfang. In unmittelbarer Nähe, am Kolpingplatz 9–11, können Sie einen Blick auf ein Vater-Sohn-Projekt der Böhms werfen, das Haus der Kolpingsöhne. Der weiße Kernbau des Bürobaus von 1930 stammt von Dominikus Böhm, einem der berühmtesten Kirchenbauer seiner Zeit, den südlich angrenzenden Teil errichtete Anfang der 1970er-Jahre dessen Sohn Gottfried.

In unmittelbarer Nachbarschaft, auf der anderen Seite der Nord-Süd-Fahrt, überragt das einzigartige Museum Kolumba die Dächer der Häuser. Der Schweizer Peter Zumthor, ebenfalls weltberühmter Architekt und Träger des Pritzker-Preises, zeichnet für dieses Gebäude verantwortlich. Die Fassade besteht aus dänischen, langformatigen, schmalen Backsteinen, die ohne Fugen aufeinandergesetzt sind. Unregelmäßig durchbrechen große und kleine Fenster die helle Fassade. Licht- und Schattenmuseum, Museum der Nachdenklichkeit, Museum der Askese und Strenge, Ort der Langsamkeit, Architektur für die Sinne – mit vielen Namen ist das Museum seit seiner Eröffnung bedacht worden. Der größte Raum

Von Pritzker-Preisträger Gottfried Böhm stammen die auffälligen WDR-Arkaden.

Ort der Einkehr und Stille: das Museum Kolumba von Peter Zumthor

im Erdgeschoss lässt den Besucher teilhaben an der zweitausendjährigen Geschichte der Stadt: Er blickt auf römische, romanische und gotische Fundamente und geht auf Stegen über sie hinweg. Das unregelmäßig durchbrochene Mauerwerk bringt nicht nur Frischluft in die Ausgrabungsebene, sondern sorgt auch für ein einzigartiges Lichtspiel. Die sechzehn weiteren Ausstellungsräume sind mit grauen Lehmputzwänden, grauen Mörteldecken und grauem Terrazzo asketisch gehalten. Keinerlei Beschriftungen, Lichtschalter oder sonstige Gegenstände stören die Betrachtung der Kunst. Zum Museum gehört auch die Überbauung der Ruine der im Zweiten Weltkrieg zerstörten Kirche St. Kolumba sowie der von Nachkriegsarchitekt Gottfried Böhm gestalteten Kapelle „Madonna in den Trümmern“.

Kurve, Kubus, Ei

Direkt gegenüber der Kapelle befindet sich das „Dischhaus“ von Bruno Paul aus dem Jahre 1930. Es gehört zu den berühmtesten Gebäuden Kölns im Stil des Neuen Bauens, der an die Bauhaus-Architektur angelehnt ist. Die durchgehenden Fensterbänder gliedern die Fassade, die auf dem gläsernen Erdgeschosssockel zu schweben scheint, das Treppenhaus stoppt den Schwung der Krümmung in den obersten drei Etagen. Viele erinnert das Dischhaus an einen Rheindampfer.

Über die Brückenstraße und ihre Verlängerung, Obenmarspforten, gelangen Sie zu Wallraf-Richartz-Museum & Fondation Corboud. Der 2007 verstorbene Architekt Oswald Mathias Ungers war bekannt für seine kompromisslose Architektur der strengen Geometrie. Die Formensprache der Architektur sei, so Ungers, rational und intellektuell und beruhe nicht auf Zufälligkeiten und plötzlichen subjektiven Einfällen. Ihm ging es „um die reine Form, um die Abstraktion, um den Grundtypus, den

Das Dischhaus von 1930 aus der Zeit des Neuen Bauens erstrahlt nach der Renovierung in neuem Glanz.

elementaren Bau“. Der „Herr der Würfel“, wie man ihn gern nannte, hat hier am Rathausplatz einen zwar strengen, sich jedoch harmonisch in das Stadtbild einfügenden Kubus geschaffen. Von vorn kaum sichtbar besteht das Museum aus zwei Bereichen: dem größeren für die Kunst des Wallraf-Richartz-Museums und dem durch ein gläsernes Treppenhaus verbundenen kleineren Haus mit gestaffelter Fassade für die Sammlung Corboud. Das Treppenhaus liegt in der Verlängerung der hier im Mittelalter verlaufenden Straße „In der Höhle“, in der Stephan Lochner, der bedeutendste Maler des mittelalterlichen Kölns, einst lebte.

Durch die Geschäftspassage an der Gürzenichstraße hindurch führt unser Weg über die Schildergasse zur Antoniterkirche und dem sogenannten „Ei“. Die offizielle Bezeichnung des Geschäftshauses ist „Weltstadthaus“, und mit ihm hat Köln nun seit 2005 „seinen“ Renzo-

Die Kölner nennen das Weltstadthaus von Renzo Piano liebevoll das „Ei“.

Vis-à-vis der Antoniterkirche liegt das Café der evangelischen Kirchengemeinde.

Piano-Bau. Die gläserne Fassade ist mit einem Abstand vor die Geschossdecken gesetzt und bildet so einen umlaufenden, fünfgeschossigen Luftraum, in den man von innen, durch ein Geländer gesichert, hineinschauen kann. Vor der Ostfassade des Weltstadthauses liegt ein Ort der Ruhe inmitten des hektischen Einkaufstreibens – der CityPavillon mit dem „Café Stanton" der AntoniterCityKirche. Entworfen hat den Pavillon das Kölner Architekturbüro Ulrich Coersmeier. Zwischen dem gläsernen Eingangsbereich und der Fassade der Antoniterkirche lädt bei gutem Wetter ein lauschiger Innenhof zum Entspannen ein.

Neue Plätze schaffen

Schräg gegenüber dem Weltstadthaus, auf der anderen Seite der Nord-Süd-Fahrt, befindet sich das „Caecilium". Der Bürobau von KSP Jürgen Engel Architekten aus dem Jahr 2009 fällt insbesondere durch seine all seitig gerundeten Außenwände auf. Zur Nord-Süd-Fahrt hin präsentiert sich die hundert Meter lange, grünlich schimmernde Glasfassade verschlossen. Auf der Rückseite, zur Jabachstraße hin, öffnet sich das Areal zu einem kleinen Platz mit den Kirchen St. Peter und St. Cäcilien. Das unter Denkmalschutz stehende kleine GEW-Haus an der Nordseite des Platzes wirkt unscheinbar, birgt jedoch den Zugang zum ehemaligen Umspannwerk der Straßenbahnen der Stadt Köln aus dem Jahre 1900.

Der neu gestaltete Platz soll auch einen Bezug zum Museum Schnütgen herstellen, dessen gläserner Anbau die Verbindung zum neuen „Kulturzentrum am Neumarkt" bildet. Das in mehrere Gebäudekomplexe und -schichten unterteilte Ensemble beherbergt das völkerkundliche Rautenstrauch-Joest-Museum, die Erweiterung des Museums Schnütgen, die Kunsthalle und den Museumsdienst Köln. 1996 hatten die Braun-

Das Caecilium Köln gibt sich zur Nord-Süd-Fahrt hin verschlossen, öffnet sich aber zu einem neuen, kleinen Platz mit St. Peter und St. Cäcilien.

schweiger Architekten Schneider + Sendelbach den von der Stadt Köln hierzu ausgeschriebenen Architektenwettbewerb gewonnen. Am Ort des geplanten Baus residierten damals (innerhalb des Josef-Haubrich-Forums von 1967) die international renommierte Kunsthalle, der Kunstverein und die VHS-Foren. Fünf Jahre nach dem Wettbewerbsentscheid wurde die Verwaltung schließlich mit dem Neubau beauftragt, und ein Jahr später wurde die Kunsthalle abgerissen – übrig blieb das „Kölner Loch", vier Jahre lang. Erst 2006, zehn Jahre nach dem Wettbewerbsentscheid, wurde mit dem Neubau des Kulturzentrums begonnen.

Gegensätzlichkeiten

Durch die Sternengasse und an „St. Maria im Kapitol" vorbei geht es nun zum Heumarkt. Am Heumarkt 20 befindet sich das Maritim Hotel Köln, das auf dem Gelände des „Sassenhofs" steht, einem bis Ende der 1980er-Jahre unbebauten Filetgrundstück am Rhein. Der Hotelneubau bildet den südlichen Abschluss der Kölner Rheinsilhouette mit Dom, Altstadt und der Kirche Groß St. Martin. Platziert in ein asymmetrisches Straßengeflecht, versucht der gewaltige Komplex mit zwei lang gestreckten, parallel verlaufenden Hoteltrakten, der gläsernen Hotelhalle und dem Rundbau zum Brückenkopf am Rhein eine akzentuierende Formensprache zu entwickeln. Der Entwurf stammt vom Architekturbüro Paul Böhm mit KSP Jürgen Engel sowie Reinhardt und Sander. Unweit des Hotels fällt im Filzengraben 2 neben der Trinitatiskirche ein glatter, auf den ersten Blick ab-

Das Kulturzentrum schließt das nach dem Abriss der Kunsthalle entstandene „Kölner Loch".
Die Kunsthochschule für Medien Köln genießt internationales Renommee.

weisender Block auf: die Kunsthochschule für Medien Köln (KHM). Die Fassade gibt sich streng geschlossen, mit Ausnahme des Ein- und Durchfahrtsbereichs und der zwei gleich langen Fensterbänder im dritten und vierten Obergeschoss. JSWD Architekten Köln haben großformatige graue Sandsteinplatten für die Fassade gewählt, deren gefugte Struktur sich erst bei näherer Betrachtung erschließt. Zur Kunsthochschule für Medien gehört auch das benachbarte, mittelalterliche Overstolzenhaus, das die Bibliothek beherbergt.

Durch den Filzengraben und An Lyskirchen führt unser Weg über den Holzmarkt an den Rhein, und damit gelangen Sie zum Abschluss unseres Weges zum leckersten Gebäude, das Köln zu bieten hat: zum Schokoladenmuseum. Das von Eller + Eller entworfene Museum vermittelt nicht nur einen Überblick über dreitausend Jahre Geschichte des Kakaos, der Schokoladen und Pralinen – es entführt den Besucher in ein tropisches Gewächshaus, es verführt ihn am Schokoladenbrunnen zu hemmungslosem Naschen und es lädt ihn auf zwei Ebenen zum entspannten Schokoladetrinken mit Blick auf den Rhein ein. Das Gebäude markiert den Beginn des neu gestalteten Rheinauhafens, der auch in Rhein (Bd. 1) beschrieben ist.

Wenn Sie noch einen Abstecher zu den Cologne Oval Offices anschließen möchten, können Sie durch den Rheinauhafen bis zum Gustav-Heinemann-Ufer schlendern. Die „COO", wie sie kurz genannt werden, fallen schon von Weitem durch ihre bunten Fassaden und die organische Form der beiden Gebäudekomplexe auf. Je nach Öffnung der farbigen, gläsernen Sonnenschutzelemente verändern die Fassaden ihr Aussehen. Von Sauerbruch Hutton stammen diese ersten „grünen" Gebäude in Köln, die mit dem Gütesiegel „EU Green Building" für nachhaltiges Bauen stehen.

Zum Abschluss der Tour lädt das Schokoladenmuseum zum süßen Schlemmen ein.

Via Architectura III: Der Butzweilerhof

Seit seinem Bestehen hat sich das Flughafengelände Butzweilerhof häufig gewandelt. Im Laufe der unterschiedlichen Nutzungen wurde die ursprüngliche Anlage um neue Hallen, Unterkünfte und Feldhäuser, Schuppen und ein Heizwerk erweitert. Die Bestände aus den 1930er-Jahren und das Rollfeld blieben jedoch größtenteils unverändert – zumindest äußerlich. Der heute denkmalgeschützte Flughafen wurde in den vergangenen Jahren in weiten Teilen detailgetreu restauriert und ist nicht nur für Architekturliebhaber einen Besuch wert. Die Umgebung lohnt ebenfalls einen Abstecher: In unmittelbarer Nähe des Flughafengeländes wurden rund hundert Gebäude im Bauhausstil als Niedrigenergiehäuser errichtet, und auch die zahlreichen Produktions- und Dienstleistungsunternehmen in der Nachbarschaft zeigen, dass das Quartier „Am Butzweilerhof" mit dem traditionsreichen Flughafengelände ein gelungenes Beispiel für moderne Stadtentwicklung ist.

Was können Sie hier tun und erleben?

Hier können Sie Bauhaus pur erleben. Schlendern Sie über das Gelände und lassen Sie die Gebäude auf sich wirken: das lang gestreckte Hauptgebäude mit der ehemaligen Empfangshalle, die Flugzeughallen, den Flugaufsichtsturm und die Wohnhäuser. Besuchen Sie im „Lichthof" die Ausstellung zur „Geschichte der Kölner Luftfahrt am Butzweilerhof" mit mehr als fünfhundert Ausstellungsstücken. Auch individuelle Führungen durch die Anlage werden angeboten (Anmeldung siehe Inforaum S. 120).

Und: Sie können in der Bibliothek des Butzweilerhofs sogar heiraten. Der Flughafen ist nämlich eine offizielle Außenstelle des Kölner Standesamts – wirklich ein passender Ort für die Reise in den siebten Himmel.

Anfahrtspunkt:
Butzweilerhof, Butzweilerstraße 35–39, 50829 Köln

Parkmöglichkeiten:
Parkplätze sind ausgewiesen

Anreise mit ÖPNV:
Voraussichtlich ab Ende 2010:
U-Bahn-Linie 5, Haltestelle Butzweilerhof/Von-Hünefeld-Straße

Die Empfangshalle des Butzweilerhofs wird für Feiern und Tagungen genutzt.

Ein Baudenkmal von nationaler Bedeutung

Die Flughafengebäude bestehen aus einer lang gestreckten rund zweihundertsiebzig Meter langen Gebäudegruppe, die sich aus dem Hauptgebäude, dem Betriebshof, den Flugzeughallen I und II und dem Flugaufsichtsturm zusammensetzt. Sie können den Rundgang an der Empfangshalle entweder von der Stadtseite oder von der Rollfeldseite aus beginnen. Das Hauptgebäude beherbergt die Flughafen-Empfangshalle und zukünftig das Restaurant mit Außenterrasse. Einen markanten Blickfang bietet der riesige Reichsadler über dem Eingang: Er wurde aus blauer Basaltlava von Willy Meller gestaltet, einem Schüler Georg Gras-

Noch heute ein Blickfang über dem Haupteingang: der Reichsadler aus blauer Basaltlava, von Willy Meller gestaltet

eggers. Unterhalb des Adlers befinden sich drei Kronen, die an das Kölner Stadtwappen erinnern. Den vierflügeligen Eingang ziert ein handgeschmiedetes Eisengitter des Kölner Kunstschmieds Carl Wyland. Das zweigeschossige Gebäude ist deutlich asymmetrisch aufgebaut, wobei die Mitte durch den weißen Kubus mit dem Eingang betont wird. In der Empfangshalle des Flughafens fallen besonders der schöne Marmorboden und die den Originalen nachgebildeten Hängelampen auf. Die Halle wird heute für Feiern, klassische und kölsche Konzerte, Sitzungen und Ähnliches genutzt.

Im Lichthof neben der Halle können Sie den Kern der Flugausstellung besichtigen. Die über fünfhundert Exponate sind zum Teil in Vitrinen in Szene gesetzt, die ebenfalls den verschollenen Originalen nachempfunden sind. Die Ausstellung soll künftig noch erweitert und neu aufgestellt werden, um damit dem Ziel eines „Gesamterlebnisses Butzweilerhof" gerecht zu werden. Die Bibliothek lädt zu ausgiebigen Nachforschungen rund um das Thema Luftfahrt ein.

Nase an Nase mit den Flugzeugen

Die repräsentative Halle öffnet sich mit großen gläsernen Flügeltüren zum Rollfeld hin. Schon beim Ausrollen auf dem Rollfeld wurden die Fluggäste am Butzweilerhof mit dem Schriftzug „KÖLN" begrüßt. Zur Flughafengaststätte im Westflügel gelangen Sie direkt von der Halle aus über einen breiten Gang, in den von rechts durch eine Glaswand aus Butzenscheiben indirektes Tageslicht einfällt. Die große Außenterrasse des Restaurants war früher ein beliebtes Ausflugsziel, um Flugzeuge zu beobachten oder die „Bachstelze" zu bewundern: Die talentierte Kölner Pilotin Liesel Bach gewann bereits ein Jahr nach ihrer Pilotenprüfung die Deutschen Kunstflugmeisterschaften.

Über fünfhundert Exponate können die Besucher in der Ausstellung besichtigen.

Auch von der windgeschützten Terrasse des Cafés im ersten Stock aus ließ sich der Flugbetrieb verfolgen. Die Maschinen rollten bis dicht an das Gebäude, sodass die Passagiere nur einen kurzen Weg zur Empfangshalle hatten. Das Rollfeld selbst ist hundert Meter lang und siebzig Meter breit. In der Glanzzeit des Butzweilerhofs starteten und landeten die Flugzeuge, darunter zahlreiche Junkers-Modelle Ju 52 – liebevoll „Tante Ju" genannt –, alle drei bis fünf Minuten. Spätestens im Jahr 2012 soll die hier zurzeit noch in touristischem Einsatz befindliche Ju 52 in Halle I ihr letztes Zuhause finden.

Die zweigeschossigen Flügelbauten rechts und links der Empfangshalle sind zum Rollfeld hin durch symmetrische raumhohe Fensterbänder auf beiden Etagen gegliedert. Das über allen Gebäudeteilen auskragende Dach verleiht dem Bau trotz seiner beachtlichen Länge und des damit verbundenen Bauvolumens Leichtigkeit. Zum Ensemble gehören der Betriebshof, die beiden Flugzeughallen I und II sowie der Flugaufsichtsturm, wie man ihn früher nannte – heute würde man „Tower" sagen. Seine Besonderheit ist die vorgehängte Fassade, die in direkter Tradition zum Bauhaus von Walter Gropius steht: „Vorhangfassade" bedeutet, dass die Fensterbänder auf allen Geschossen über die gesamte Gebäudebreite reichen und über die Ecken hinaus die Seitenfassaden mit einschlie-

Der Flugaufsichtsturm nach der Renovierung

ßen. Auf dem begehbaren Dach des Turms wurden meteorologische Messungen durchgeführt.

Betriebshof und Wohnhäuser

Der Betriebshof ist eingeschossig um einen rechteckigen Innenhof angeordnet. Die drei mit einem Flachdach versehenen Gebäudeteile bilden ein Hufeisen, das früher unter anderem Lagerräume, Werkstätten, Unterkünfte und Umkleidekabinen beherbergte. Im Laufe der Zeit wurde das Gebäude für seine unterschiedlichen Nutzungen mehrfach verändert und hat darum seine ursprüngliche Form eingebüßt. So hatte zum Beispiel die zum Rollfeld gelegene Seite elf Türen, die später allesamt zugemauert wurden. Lediglich die einundzwanzig Kreuzfenster zur Stadtseite hin lassen noch den früheren architektonischen Charakter erkennen. Stark verändert sind auch die beiden Flugzeughallen, Halle I aus dem Jahre 1936 und die zwei Jahre später errichtete Halle II. Sie wurde rechtwinklig hinter der vorderen Gebäudelinie angeordnet, um den Hangar I, wie man heute sagen würde, mit in das architektonische Gesamtgefüge einzubinden. Die Hallen sind mit einer rechtwinkligen Ummantelung versehen. In besagtem Mantelbau von Halle II war damals eine der ersten Schulen für Stewardessen und eine Pilotenschule untergebracht.

Den Abschluss des Rundgangs bilden vier Wohnhäuser nach einem Entwurf von Otto Schelb aus dem Jahre 1937. Die ehemals fünf zweigeschossigen Backsteinhäuser weisen steile, sogenannte Satteldächer auf und dienten früher als schlichte Wohnhäuser für die Mitarbeiter des Technischen Dienstes, die Tag und Nacht erreichbar sein mussten. Zur Selbstversorgung befanden sich an der Hausrückseite einst Ställe für Kleintiere.

Schon bald nach der Fertigstellung des Erweiterungsbaus 1936 wurde die Terrasse des Restaurants Butzweilerhof zu einem beliebten Ausflugsziel.

Neues Bauen – schlicht und funktional

Zu Beginn des 20. Jahrhunderts entwickelte sich in Europa und den USA eine neue Richtung des Bauens, die auf alles verzichtete, das keinen wirklichen Nutzen hatte. Zweck, Material und Konstruktion sollten der Funktion folgen – dies war die Antwort auf den ornamentreichen Historismus und Jugendstil. Der weiß verputzte Quader, durch Fensterbänder gegliedert und auf Stützen gesetzt, wurde zum Symbol der Epoche. Eine andere Bauform jener Zeit war vom Expressionismus inspiriert – das Herkuleshaus in Ehrenfeld ist ein schönes Beispiel. Aber noch bis zum Ersten Weltkrieg dominierte in Köln der Historismus mit seinen Stilzitaten: Das Neptunbad von 1912, der Kaufhof, das Oberlandesgericht und der Deutzer Bahnhof aus dem Jahr 1914 wären hier zu nennen.

Weißer Putz, Fensterbänder, Flachdach

Nach dem Ersten Weltkrieg vollzog sich die Wende zum Neuen Bauen. Die vorherrschenden Baumaterialien waren Beton, Eisen und Glas, das Flachdach verdrängte das Giebeldach. Das Dischhaus von Bruno Paul und Franz Weber, das Hochpfortenhaus von Clemens Klotz und Josef Fieth, die Allianz Versicherung am Kaiser-Wilhelm-Ring von Karl Wach und Heinrich Roskotten und das Hansahochhaus sind typische Geschäfts- und Verwaltungsbauten jener Zeit. Auch neue Wohnsiedlungen entstanden Ende der Zwanzigerjahre im Stil des Neuen Bauens, so wie

Eine Besonderheit der Siedlung Zollstock ist das Laubenganghaus an der Walberberger Straße – für alleinstehende, berufstätige Frauen gebaut.

die Siedlung Zollstock (1927–1930), die gemäß einem Bebauungsplan von Wilhelm Riphahn und Caspar Maria Grod von sieben Architekten unterschiedlich gestaltet wurde.

Einige der wichtigsten Siedlungsbauten Deutschlands befinden sich in Köln-Buchforst: In mehreren Bauabschnitten entstanden hier der „Blaue Hof“ und die „Weiße Stadt“, wobei die Architekten wieder Riphahn und Grod waren. Im Blauen Hof sieht man noch die charakteristischen Material- und vor allem Farbwechsel, die der Blockbebauung ihren Namen gaben. Die Weiße Stadt umfasst nahezu sechshundert Wohneinheiten, und alle Gebäude weisen große Balkone, Dachterrassen und Flachdächer auf – Elemente, die typisch für das Neue Bauen sind.

Von 1929 bis 1933 entwarfen drei befreundete Architekten am Rhein sechs Wohnhäuser in diesem Stil: Hans Schumacher, Josef Op Gen Oorth und Theodor Merrill. Die weiß verputzten, zwei- bis dreigeschossigen Gebäude künden vom Einfluss der Weißenhof-Ausstellung des Deutschen Werkbundes in Stuttgart, die das Neue Bauen 1927 in Deutschland bekannt gemacht hatte.

Das Bauhaus

Weltberühmt wurde die 1919 von Walter Gropius in Weimar gegründete Kunst-, Design- und Architekturschule „Das Bauhaus“, die später nach Dessau umzog. Diese Institution vereinte sämtliche Kunstrichtungen und verstand sich als Schule für moderne Gestaltung. Die zentrale Frage, der die Mitglieder nachgingen, lautete: Wie kann im Zeitalter der Maschinen die Kunst in das Leben integriert werden? Obwohl die Schule vierzehn Jahre nach ihrer Gründung bereits 1933 durch die Nationalsozialisten geschlossen wurde, besitzt sie bis zum heutigen Tag weltweit maßgeblichen Einfluss in ihren drei Fachbereichen.

Die Architekten Wilhelm Riphahn und Caspar Maria Grod entwarfen die Weiße Stadt.

Regionale 2010
Flughafen Butzweilerhof

Er war einst der zweitgrößte zivile Flughafen Deutschlands. Und nicht nur das: Der Butzweilerhof und Berlin-Tempelhof sind die einzigen noch erhaltenen Flughafenanlagen der 1930er-Jahre in Deutschland. Die wechselvolle Geschichte des Butzweilerhofs – auch liebevoll „Butz" genannt – begann bereits Anfang des 20. Jahrhunderts. Um den Anschluss an die sich schnell entwickelnde Fliegerei nicht zu verpassen, wurde in Ossendorf eine Fliegerstation mit Flugschule gebaut. Später berühmte Piloten wie Manfred von Richthofen erhielten hier ihre Ausbildung. Nach dem Ersten Weltkrieg war die deutsche Luftfahrt dann verboten, der Flugverkehr lag brach. Erst im Mai 1926, dem Gründungsjahr der Deutschen Lufthansa, wurde der Butz wieder für den Flugverkehr geöffnet – symbolischerweise am Himmelfahrtstag. Trotz Zeiten knapper Kassen plädierte Konrad Adenauer, der auch dem Aufsichtsrat der Lufthansa angehörte, für einen Ausbau des Flughafens zum Wohle der Stadt. Und er behielt recht: Innerhalb von nur zwei Jahren wurde der Butzweilerhof zum „Luftkreuz des Westens" und trug in den späten Zwanziger- und frühen Dreißigerjahren maßgeblich zur wirtschaftlichen Entwicklung der Stadt Köln und der Region bei.

Historische Aufnahme des Flugaufsichtsturms

Militärische Nutzung

Der rasch zunehmende Flugverkehr mit hohen Passagierzahlen machte bereits zehn Jahre nach Inbetriebnahme eine Erweiterung notwendig. Die neuen Gebäude waren ganz im Stil des Bauhauses gehalten, klar, sachlich und funktional, mit Materialien in drei beherrschenden Farben: weißem Putz, blauer Basaltlava und goldfarbenem Messing. Im Sommer 1939 war es dann zunächst mit dem Flugverkehr vorbei – der Flugplatz wurde vom Militär beschlagnahmt. Allerdings wurde er während des Zweiten Weltkriegs nicht wirklich strategisch genutzt, und das gesamte Neubau-Ensemble überstand die Zeit ohne größere Schäden. Nach dem Krieg diente der Flughafen als britische Kaserne, bis dann Ende der 1960er-Jahre die Bundeswehr das Gelände übernahm und dort ein Informations- und Medienzentrum betrieb. Zahlreiche Neubauten entstanden in dieser Zeit. Ende der Achtzigerjahre wurden alle Gebäude des ehemaligen Flughafens Butzweilerhof einschließlich des Rollfelds unter Denkmalschutz gestellt.

Während auf Initiative der Stiftung Butzweilerhof bereits seit 1995 Sanierungsarbeiten nach historischem Vorbild durchgeführt wurden, markiert das Jahr 2002 einen Wendepunkt für den Butzweilerhof, denn er wurde entmilitarisiert und verkauft. Nun wird die fast eine halbe Million Quadratmeter große Fläche einer neuen Bestimmung als „Nationales Denkmal" zugeführt: Im Rahmen der Regionale 2010 werden das Gebäude-Ensemble, das Rollfeld und das Eingangsareal schrittweise und denkmalgerecht saniert, um hier ein neues kulturelles Zentrum entstehen zu lassen, das gleichzeitig als öffentlicher Ort der Mittelpunkt des wachsenden Quartiers „Am Butzweilerhof" werden soll. Neben der Stiftung engagieren sich dabei der Landschaftsverband Rheinland, die Sparkassen-Tochter SKI und die Stadt Köln.

Freier Blick über das Rollfeld auf den Flughafen Butzweilerhof

TOURISMUSINFORMATION

Allgemeine Informationen
finden Sie unter:
www.koelntourismus.de

Bilder von Köln
Informationen und vor allem aktuelle und historische Bilder unter:
www.bilderbuch-koeln.de

Hiltrud Kier
Weitere Informationen zu Hiltrud Kier unter: deu.archinform.net/arch/4090.htm

Kölner Architektur
Weitere Informationen zu verschiedenen Gebäuden und Architektur in Köln unter:
www.koelnarchitektur.de

HEREINGESCHAUT!

Butzweilerhof
Stiftung Butzweilerhof Köln
Butzweilerstr. 35–39, 50829 Köln
Tel. 0221 / 59 35 38
www.butzweilerhof.de
www.regionale2010.de
Führung (nach Anmeldung):
ab € 4,80 pro Teilnehmer

Kolumba
Kolumbastr. 4, 50667 Köln
Tel. 0221 / 93 31 93-0
www.kolumba.de
Täglich außer Di 12–17 Uhr
Eintritt: frei bis 18 Jahre, Erw. € 5,00, erm. € 3,00
Öffentliche Samstagsführung für Einzelpersonen
Termine für Gruppenführungen

MediaPark
MediaPark Köln Entwicklungsgesellschaft mbH
Im MediaPark 7, 50670 Köln
Tel. 0221 / 57 43-74 00
www.mediapark.de

Das neue Zuhause von Wallraf-Richartz-Museum & Fondation Corboud

Blick über den See des MediaParks

Museum Ludwig
Heinrich-Böll-Platz, 50667 Köln
Tel. 0221 / 221-261 65
www.museenkoeln.de/museum-ludwig
Di–So 10–18 Uhr, jeden 1. Do im Monat 10–22 Uhr
Eintritt: Erw. € 9,00, erm. € 6,00, Familie € 18,00, Kinder unter 6 Jahren frei

Museum Schnütgen
Cäcilienstr. 29–33, 50667 Köln
Tel. 0221 / 221-223 10
www.museenkoeln.de/museum-schnuetgen

Rautenstrauch-Joest-Museum
Cäcilienstr. 29–33, 50667 Köln
Tel. 0221 / 221-313-01
www.museenkoeln.de/rautenstrauch-joest-museum

Schokoladenmuseum Köln
Am Schokoladenmuseum 1a, 50678 Köln
Tel. 0221 / 93 18 88-0
www.schokoladenmuseum.de
Di–Fr 10–18 Uhr, Sa, So 11–19 Uhr
Eintritt: Erw. € 7,50, erm. € 5,00, Familie € 21,00 (2 Erwachsene und eigene Kinder bis 16 Jahre)

Wallraf-Richartz-Museum & Fondation Corboud
Obenmarspforten (am Rathausplatz), 50667 Köln
Tel. 0221 / 221-211 19
www.wallraf.museum
Di–Fr 10–18 Uhr, Do bis 22 Uhr (außer feiertags), Sa, So 11–18 Uhr
Eintritt: Erw. € 8,50, erm. € 6,50, Familie € 17,00 (2 Erwachsene und Kinder)

AKTIV DABEI
Kölner Philharmonie
KölnMusik GmbH
Bischofsgartenstr. 1, 50667 Köln
Tel. 0221 / 204 08-0
www.koelner-philharmonie.de

Kölns erstes „Öko-Bürogebäude" mit Auszeichnung: die Cologne Oval Offices

Erlebnisraum
Das grüne Köln

Kölns grüne Lunge

Der Innere und der Äußere Grüngürtel sind seit ihrer Entstehung beliebte Naherholungsgebiete für die Kölner: Hier kann man joggen, Fahrrad fahren, am See sitzen oder Sport treiben – es bieten sich unzählige Möglichkeiten. Der Innere Grüngürtel ist heute allerdings nur noch in wenigen Bereichen so zu erleben wie vor dem Zweiten Weltkrieg. Kriegsschutt hinterließ Berge innerhalb der Anlage, Straßenachsen kappten frühere Verbindungen, und Verwahrlosung tat ihr Übriges. Die 2004 von den beiden Adenauer-Enkeln Paul Bauwens-Adenauer und Dr. Patrick Adenauer gegründete Kölner Grün Stiftung engagiert sich dafür, dieses unter Denkmalschutz stehende einmalige Kulturgut

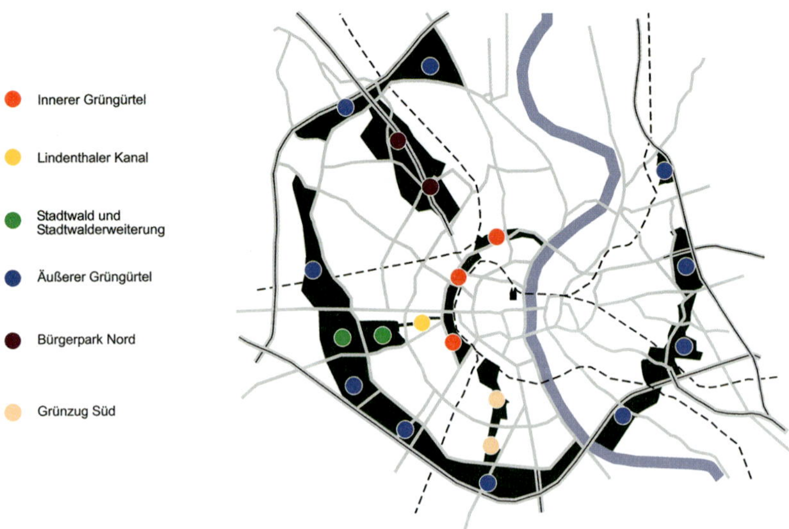

© Kölner Grün Stiftung
Innerer und Äußerer Grüngürtel mit den Radialen und weiteren Grünflächen

zu erhalten, zu sanieren und wo möglich wieder in seinen ursprünglichen Zustand zurückzuversetzen. Und sie hat damit schon sichtbare Erfolge feiern können, wie zum Beispiel mit der abgeschlossenen Sanierung des Stadtwald-Weihers.
Der Äußere Grüngürtel hat seine ursprüngliche Form weitestgehend bewahrt. Kahnweiher, Adenauerweiher und Decksteiner Weiher sind beliebte Ausflugsziele für Radfahrer oder Familien mit Kindern, die Boot fahren wollen. An jedem Weiher gibt es Einkehrmöglichkeiten – sei es improvisiert wie am Sülzer Teil des Decksteiner Weihers oder stilvoll im edlen Biergarten im Club Astoria am Adenauerweiher. Schafherden ziehen zuweilen vorbei und trimmen die weiten Wiesenflächen, auf denen sich unzählige Kaninchen tummeln.

Reste links und rechts des Rheins

Die Kölner schätzen sich glücklich, dass sie ihre Grüngürtel haben, und dass es den inneren heute noch gibt, ist nicht selbstverständlich: In der autoverliebten Zeit nach dem Krieg gab es Pläne, eine mehrspurige Stadtautobahn durch den gesamten Inneren Grüngürtel zu „schlagen“. Doch glücklicherweise wurde davon nur die Zoobrücke bis zum Zubringer auf die A 57 verwirklicht – hier ist der Grüngürtel auf einen schmalen Grünstreifen reduziert.
Rechtsrheinisch weisen Straßennamen auf den früheren Militärring hin: Stammheimer Ring, Gremberger Ring, Mülheimer Ring, Porzer Ringstraße. Auch hier ist noch an einigen Stellen der frühere militärische Raum erlebbar, wenn auch nicht in solch geschlossener Form wie linksrheinisch. Das Fort IX an der Porzer Ringstraße, Fort X in Höhenberg und Fort XI in Mülheim sind zum Teil noch erhalten, ebenso wie einige Zwischenwerke, und werden zum Beispiel als Vereinsheim genutzt.

Unterwegs im Äußeren Grüngürtel – hier der Adenauerweiher mit dem Club Astoria

Fünf grüne Wege

Der Innere und der Äußere Grüngürtel lassen sich am besten mit dem Fahrrad erkunden. Die Radtouren folgen den beiden Teilen der „grünen Lunge" Kölns jeweils von Süden nach Norden – je nach Sonnenstand können Sie dies natürlich auch in umgekehrter Richtung tun. Die von Fritz Encke gestalteten Gärten ziehen sich gleichfalls vom Kölner Norden bis in den Süden, und auch für diesen Weg ebenso wie für den Weg am rechtsrheinischen Ufer mit dem Rheinboulevard und dem Rheinpark bietet sich das Fahrrad an. Einen Spaziergang ist jedoch der Grünzug „Lindenthaler Kanal" wert, die Verbindungsachse zwischen Innerem und Äußerem Grüngürtel in Höhe des Aachener Weihers.

Aufgrund des Maßstabs musste die Übersichtskarte der fünf grünen Wege geteilt werden: Auf S. 126/127 finden Sie die große Karte mit dem Blick auf das Zentrum der Stadt. Die Karte rechts schließt an diese doppelseitige Karte an.

Einer der sogenannten Sondergärten von Fritz Encke, hier im Blücherpark

Ziel
Bocklemünd
Ossendorf
Äußerer Grüngürtel
Projektraum: RegioGrün
A 1
B 59
Äußere Kanalstraße
Gut Vogelsang
Venloer Straße
Max-Planck-Institut
Vogelsang
Subbelrather Str.
Bickendorf
Haus Belvedere
Ehrenfeld
Maarweg
Enckes Parks
Müngersdorf
Melatengürtel
Baseball Reithalle
Melaten-friedhof
B 55
Radstadion
Aachener Straße
Sportpark
Stadtwaldgürtel
RheinEnergieStadion
Braunsfeld
Karl-Schwering-Platz
Lindenthaler Kanal
Ziel
Stadtwald
Adenauer-weiher
Junkersdorf
Lindenthal
Straße
Projektraum: RegioGrün
B 264
Dürener
Universität
Arboretum
Sülzgürtel
Frechener Bach
Marsdorf
Fort VI
Sülz
A 4
Militärringstr.
Beethoven-park
Sport-park
Decksteiner Weiher
N
0
500
m
Efferen

Blücherpark
Start/Ziel
Enckes Parks
Parkgürtel
Äußere Kanalstraße
Subbelrather Str.
Venloer
Ehrenfeldgürtel
Neuehrenfeld
Nippes
Neusser Str.
Amsterdamer Str.
Bot. Garten
Zoo
Aquarium
Mülheimer Brücke
Mülheimer Stadtgarten
Bergischer Ring
Ziel
Alhambra
Innere Kanalstr.
Start
Innerer Grüngürtel
Skulpturenpark
Zoobrücke
Mülheimer Hafen
Herkulesberg
Neustadt-Nord
MediaPark
Konrad-Adenauer-Ufer
B 55a
Rheinpark
Tanzbrunnen
Messe
Ehrenfeld
Colonius
Str.
Altstadt-Nord
B 51
Dom
Melatengürtel
Melatenfriedhof
Innere Kanalstraße
Stadtgarten
Hohenzollernbrücke
Köln
Projektraum: Rheinboulevard u. Ottoplatz
LANXESS arena
Deutz
Aachener Straße
Start
Lindenthaler Kanal
Aachener Weiher
Deutz-Kalker Straße
B 55
Stadtwaldgürtel
Karl-Schwering-Platz
Straße
Universitätsstr.
Roonstr.
FH
Kalk
Deutzer Ring
Altstadt-Süd
Severinsbrücke
Siegburger Str.
Humboldtpark
Lindenthal
Dürener
Humboldt/

Südstadt
Gremberg
Ziel
Volksgarten
Agrippinaufer
Bonner Str.
Süd-brücke
Rhein
Sülz
Luxemburger Straße
Vorgebirgsstr.
Vorgebirgspark
Raderberg
Beethoven-park
Klettenbergpark
Klettenberggürtel
Klettenberg
B 51
Poll
Bayenthal
Sonnenuntergang
A 4
Raderthalgürtel
Bayenthalgürtel
Start
B 9
Marienburg
Roden-kirchener Brücke
Zollstock
Marienburg
Start
Zwischenwerk XIII b
Südfriedhof
Fort VI
Äußerer Grüngürtel
B 51
Zollstockweiher
Fritz-Encke-Volkspark
Raderthal
Verteilerkreis Köln
N
Projektraum: RegicGrün
B 51
Roden-kirchen
0
500 m

CAFE
RESTAURANT

Die Parks von Fritz Encke

Als der Gartendirektor Fritz Encke zum Beginn des 20. Jahrhunderts von Hamburg nach Köln wechselte, ahnte er nicht, dass er über zwanzig Jahre in dieser Stadt wirken würde. In Köln konnte er seine Vorstellungen des „sozialen Grüns" verwirklichen: Er schuf multifunktionale Gärten für Großstädter ohne eigene Gärten oder Balkone. Mit dem Gedanken des sozialen Grüns war Encke seiner Zeit voraus, da dieser Ansatz erst nach dem Ersten Weltkrieg deutschlandweit populär wurde. Er begann mit einer Reihe von grünen Stadtplätzen, 1905 folgte mit dem Klettenbergpark der erste Naturpark. Auch hier stand im Vordergrund, dass die Städter auf engstem Raum die ganze Vielfalt der rheinischen Heimat erleben können sollten. Später folgten mit den Volksparks Grünanlagen größerer Dimension. Im aufgelösten inneren preußischen Fes-tungsgürtel schuf Encke die grünen Forts, zum Beispiel den Friedenspark oder Fort X mit seinem berühmten Rosengarten auf dem Dach des Forts.

Was können Sie hier tun und erleben?

Die Gärten und Plätze von Fritz Encke sind wie auch der Innere und Äußere Grüngürtel im Wesentlichen ringförmig um die Stadt gelegt. Da Sie eine Entfernung von rund dreißig Kilometern zurücklegen werden, wenn Sie alle beschriebenen Gärten besichtigen, bietet sich dieser Weg als Fahrradtour an. Ohne Verweildauer in den Parks werden Sie rund drei Stunden unterwegs sein. Mit einer Ausnahme im Blücherpark zu Beginn des Weges gibt es in den Parks keine Gaststätten oder Kioske, es ist also empfehlenswert, einen kleinen Imbiss mitzunehmen. Die Verbindungsstrecken zwischen den Parks in den verschiedenen Kölner Stadtteilen bieten natürlich ebenfalls Möglichkeiten für eine Rast.

Anfahrtspunkt:
Parkgürtel
Parkmöglichkeiten:
Parkplätze an der Müngersdorfer Straße bzw. der Ausschilderung zu den Parkplätzen folgend
Anreise mit ÖPNV:
U-Bahn-Linie 13, Haltestelle Escher Straße

Die Karte zu dieser Tour finden Sie auf S. 125–127.

Für viele ist der Rheinpark mit seinen zahlreichen Erholungs- und Sportmöglichkeiten die schönste Gartenanlage Deutschlands.

Blücherpark – das lauschigste Plätzchen an der Autobahn

Unmittelbar an der A 57 und dem Parkgürtel liegt im Stadtteil Bilderstöckchen der Blücherpark. Er ist nach dem preußischen Generalfeldmarschall Gebhard Leberecht von Blücher benannt und wurde in den Jahren 1911 bis 1913 angelegt. Fritz Encke hatte ihn als Naherholungspark im schon damals dicht besiedelten Ehrenfeld und Nippes geplant. Der Blücherpark war der erste städtische Park im Nordwesten Kölns. Er ist streng geometrisch gegliedert: Alle Teile des Parks sind der dominanten Mittelachse zugeordnet, er hat mehrere gleichwertige

Der nördlichste aller Parks von Fritz Encke, der Blücherpark, hier mit Blick über den Weiher

Eingänge und besaß von Beginn an viele nutzbare Flächen wie Kinderspielplätze, ein Bootshaus oder Tennisplätze. In der Mitte liegt ein rechteckiger Weiher, der für Kahnfahrten genutzt wird. Auffällig sind die zahlreichen Betonkugeln an den Wegkreuzungen.
Trotz des Verkehrsrauschens der Autobahn und des Parkgürtels ist der Blücherpark bis heute sehr beliebt. Gruppen von meist jungen Leuten entspannen auf den Wiesen, grillen, chillen, spielen Frisbee und Federball oder sitzen im Biergarten am Bootshaus. Im Sommer finden hier bekannte Musikfestivals statt wie zum Beispiel die „Cologne Summer Tunes" mit elektronischer Musik. Der Weg über die verschiedenen Abschnitte des Gürtels führt Sie weiter zum Karl-Schwering-Platz.

Karl-Schwering-Platz – der Vermittler

Außer den Parks entwickelte Fritz Encke auch zahlreiche Plätze, die als Naherholungsgebiet für die in Mietshäusern lebenden Kölner dienen sollten. Ein Beispiel ist der 1925 angelegte Karl-Schwering-Platz. Die knapp sechs Hektar große Anlage ist geometrisch angelegt und gliedert sich in Abschnitte mit Zieranlagen, Wasserflächen, Spielplatz und unterschiedlich gestalteten Baumplätzen. Der idyllische Platz verbindet die von Fritz Schumacher nach dem Ersten Weltkrieg geschaffenen beiden Teile des Lindenthaler Kanals, der Grünverbindung zwischen dem Inneren Grüngürtel und dem Stadtwald.

Beethovenpark – der Vornehme

Mit Boulekugeln, Drachen und Spielzeug ausgestattet pilgern an warmen Sonnentagen die Köln-Sülzer und -Klettenberger in den Beethovenpark. Am Berghang des „Trümmerbergs", wie die Aufschüttungen mit Kriegsschutt aus dem Zweiten Weltkrieg genannt werden, liegen

Der Karl-Schwering-Platz verbindet den Clarenbach- und den Rautenstrauchkanal.

Sonnenanbeter, Fußballer nutzen die weitläufigen, kurz gemähten Wiesen und Ältere suchen unter dem Laubdach der großen alten Bäume Schutz. Trotz seiner Beliebtheit gilt der 1927 fertiggestellte, über vierzig Hektar große Park als einer der ruhigsten in Köln, da er nicht an die Eisenbahn grenzt und nur an einer Seite an eine größere Straße. Die meist unasphaltierten Wege schlängeln sich durch viele alte Bäume und landschaftlich gestaltete Areale. Vom Beethovenpark führt eine Brücke über den Militärring in den Inneren Grüngürtel direkt zum Decksteiner Weiher.

Klettenbergpark – die ganze Heimat im Kleinen

Von 1905 bis 1907 legte Fritz Encke den sechs Hektar kleinen Klettenbergpark an. Er befindet sich an der Luxemburger Straße im Gelände eines zehn Meter tiefen Steinbruchs und ist als Naturgarten angelegt. Felswände des nachgestalteten Basaltstein- und Tonschieferbruchs, ein See mit Ufervegetation, ein kleiner Bach mit künstlichem Wasserfall, ge-

Weite Liegewiesen im Beethovenpark

See, Wald, Wasserfall, Sondergärten, Spaliere: Der Klettenbergpark bietet viel Abwechslung.

wundene, unasphaltierte Wege und alter Baumbestand sind die besonderen Kennzeichen dieses Parks – des ersten, den Encke in Köln schuf. Er wollte hier auf kleinstem Raum die geologische Vielfalt des Rheinlands erfahrbar machen, wozu auch der Einfluss von Vulkantätigkeiten auf das Rheinische Schiefergebirge zählt. Besonderes Augenmerk legte Encke auf den Rosengarten, der heute leider nicht mehr in seiner früheren Pracht erblüht.

Vorgebirgspark – Jogging- und Grillparadies

Wenn Sie sich im Sommer von der Vorgebirgsstraße aus dem Vorgebirgspark nähern, wird Sie bereits der Rauch unzähliger Grills im Park empfangen. Links von der Kierberger Straße befindet sich eine große Liegewiese mit einem Basketballplatz, dem ein wadentiefer Teich weichen musste, in dem Groß und Klein früher viel Spaß hatten. Die gewundenen Wege führen bis zum „Wall“, wie manche Anwohner aus Köln-Zollstock und -Raderthal die natürliche, erhöhte Grenze zum benachbarten Landschaftsschutzgebiet nennen. Der größere Teil liegt rechts der Kierberger Straße und zieht sich bis in den Inneren Grüngürtel hinein.

Der Park ist im Laufe der Zeit verändert worden, erhalten sind aber bis heute die von Encke an der Kreuznacher Straße angelegten Mustergärten und ihr Umfeld. Drei Bereiche, durch Bepflanzung getrennt, laden zum Flanieren und zum Lesen auf den Bänken ein. Im Mittelpunkt des ersten Schaugartens liegt ein rundes, von Steinen eingefasstes Beet, das früher ein Brunnen zierte. Durch den fast quadratischen Mittelteil stößt der Weg auf ein Teichrosenbecken. Zur Linken liegt ein Rosenspalier – früher mit einigen hundert Rosensorten bepflanzt – und ein Ziergarten bietet zu jeder Jahreszeit ein anderes Blumenbild.

Geometrisch gestaltete Sondergärten im Vorgebirgspark

Fritz Encke zu Ehren – der frühere Volkspark

Von der südlichen Ecke des Vorgebirgsparks ist es für Sie mit dem Rad nur noch ein kurzer Weg durch die Schrebergärten hinter den auffälligen Hochhäusern – Sitz des Deutschlandfunks und früher auch der Deutschen Welle – bis zum Fritz-Encke-Park. In seiner Entstehungszeit Anfang der 1920er-Jahre galt dieser „Volkspark" als Beispiel zeitgenössischer Parkgestaltung. Auf dem Gelände eines ehemaligen militärischen Pulvermagazins angelegt, verwirklichte Encke auch hier den Gedanken des sozialen Parks: Sein Mittelpunkt war die große Volkswiese. Begrünte Erdwälle an jeder Seite schufen gesonderte Zonen mit unterschiedlichen Funktionen, wie etwa einen durch ein Platanendach geschützten Leseraum. Es gab zwei Sandspielplätze und einen Rosengarten, Waldpartien an den Seiten der Volkswiese luden Kinder zum Versteckspiel und Erwachsene zum Schlendern ein. Ein Naturtheater mit einer Bühne aus Heckenwänden, einem Orchestergraben und Sitzrängen aus aufsteigenden Rasenstufen zeigte bis zum Zweiten Weltkrieg künstlerische Darbietungen. Mit besonderer Leidenschaft widmete sich Encke einem üppigen Blumengarten. Am Brunnentempel befindet sich ein Lageplan des Parks, der Ihnen zeigt, dass sich der noch intakte Parkteil nach den Staudengärten linker Hand bis zum Militärring zieht. Das Naturtheater liegt versteckt hin-

Eine einladende Liegewiese im Vorgebirgspark

Der Brunnentempel im Fritz-Encke-Park, dem früheren Volkspark

ter der Bundeswehrfachschule an einem Hügel. Heute ist von dem früher bedeutenden Park nur noch ein Drittel erhalten: Nach Kriegsende entwarfen hier Bernhard Hermkes, Theodor Kelter, Fritz Schaller und Hans Schilling unter der Leitung von Wilhelm Riphahn eine Siedlung für die britische Besatzungsmacht im Stil einer englischen Gartenstadt. Die durchgrünte Siedlung fasziniert durch ihre klaren, geometrischen Bauten und den hohen, dichten Baumbestand. Flankiert wird die Siedlung von den Plantagenreihen aus Enckes Zeit.

Humboldtpark – der dreieckige Park

Der kleine, rechtsrheinische Humboldtpark im Stadtteil Köln-Humboldt/Gremberg wurde von 1912 bis 1914 angelegt. Seine Form ergibt sich

Das Waldtheater im Fritz-Encke-Park liegt heute inmitten einer Wohnsiedlung aus den 1950er-Jahren.

durch die umliegenden Straßen und er ist der einzige dreieckige Park. Der Haupteingang liegt an der Straße „An der Pulvermühle“. Das große Sandbecken in der Mitte wird durch weitere Sandbecken mit unterschiedlichen Spielgeräten ergänzt. An der Nord- und Ostseite befinden sich geometrisch angelegte Schaugärten. Die Nordspitze ist von einem ebenfalls geometrischen, von kleinen Wegen durchzogenen Ruhegarten geprägt. Der Park wurde in den 1990er-Jahren unter denkmalpflegerischen Gesichtspunkten restauriert.

Rheinpark – Deutschlands schönste Gartenanlage

Namhafte Gartenarchitekten haben dem Rheinpark über die Jahre sein unverwechselbares Gesicht gegeben. Familienfreundlich und variantenreich präsentiert sich heute der rechtsrheinische Park. Weitläufige Spiellandschaften, große Wiesenflächen und begehbare Brunnen ziehen vor allem Familien mit Kindern an. Durch seine zahlreichen Schmuckgärten und Skulpturen und die klare Fünfzigerjahre-Architektur aus der Zeit der ersten Bundesgartenschau 1957 wird der Rheinpark zum ästhetischen Erlebnis.

Die ursprünglichen Planungen für den Park gehen auf Fritz Encke zurück, der bereits 1911 mit dem Projekt beauftragt wurde. Das Vorhaben konnte aber erst nach dem Ersten Weltkrieg begonnen werden, da die Stadt Köln das freie Areal für die Werkbundausstellung 1914 nutzen wollte. Die ursprüngliche Auenlandschaft blieb unangetastet und wurde durch eine große Wiese für Sport und Spiel sowie zahlreiche Schmuckanlagen ergänzt. In die ehemalige Fortanlage baute Encke ein Teehaus. Ende der Zwanzigerjahre wurde der Tanzbrunnen ergänzt, seinen heutigen Charakter erhielt der Rheinpark jedoch erst Mitte der 1950er-Jahre. Nachdem die zwischengelagerten riesigen Kriegsschuttberge vom

Die einst kleinen Bäume der Bundesgartenschau im Rheinpark von Fritz Encke sind heute mächtige Baumgruppen.

Gelände entfernt waren, entstand hier unter der Leitung des Gartenamtsleiters Kurt Schönbohm die Bundesgartenschau 1957. Frei Otto, der Architekt des berühmten Daches des Münchner Olympiastadions, überspannte die Tanzfläche vor dem bereits Ende der Zwanzigerjahre erbauten Tanzbrunnen mit den charakteristischen Zeltdächern.
Schon die Anreise zum Park von der linken Rheinseite ist ein Erlebnis: Die Rheinseilbahn, die die Passagiere in kleinen Kabinen bis auf fünfzig Meter Höhe über dem Rhein vom Zoo bis zur Claudius Therme transportiert, ist die einzige Seilbahn über einen Fluss in Europa. Die 1971 zur zweiten Bundesgartenschau erbaute Claudius Therme wird von einer warmen Solequelle gespeist und ist bis heute ein attraktives Erholungsziel. Auf schmalen Schienen kann der Ausflug von der „Talstation" Claudius Therme durch den Park fortgesetzt werden: mit der Kleinbahn. Zum letzten Punkt der Tour führt Sie der Weg über die Zoobrücke wieder auf die linke Rheinseite.

Im Sinne von Fritz Encke – der Skulpturenpark im Kölner Norden
Der Skulpturenpark Köln, zwischen Zoobrücke und Rhein gelegen, entstand im Jahre 1997 durch das private Engagement der Sammler Michael und Eleonore Stoffel. Die Parkanlage mit rund vierzig Skulpturen zeitgenössischer Künstler ist eine Oase der Ruhe und wird von Kölnern zum Kunstspaziergang gern genutzt. Vom Haupteingang an der Riehler Straße führen Sie drei Wege durch den Park. Manche Skulpturen fallen gleich ins Auge, wie die hohe „Peilanlage Forelle" des Künstlers Manfred Pernice, andere muss der Betrachter erst suchen: „Menschliche Kälte" nannte Bernd Kastner seinen zierlichen, weiblichen, aus Terrakotta geformten Akt, der in einer Baumgabel knict. An diesem besonderen Themenpark hätte Fritz Encke sicher seine Freude gehabt

Kunst genießen unter freiem Himmel im Skulpturenpark

Mit dem Rad durch den Inneren Grüngürtel

Den Inneren Grüngürtel haben wir dem früheren Kölner Oberbürgermeister Konrad Adenauer zu verdanken. Nachdem der militärische Befestigungsgürtel, der Köln ringförmig umgab, aufgegeben worden war, schwebte Adenauer – im Gegensatz zum damaligen Stadtbaumeister – ein grüner Streifen vor, in dem sich die Kölner erholen sollten. Den Wettbewerb gewann der Hamburger Stadtplaner Fritz Schumacher. Die Hansestadt beurlaubte ihn daraufhin für drei Jahre, damit Schumacher seine Pläne zwischen 1920 und 1923 verwirklichen konnte.

Die einstige Pracht dieser noch heute beeindruckenden Grünanlage lässt sich an vielen Stellen erahnen, auch wenn der ursprüngliche Gesamteindruck fehlt. Auf der einen Seite begrenzen den Grüngürtel die Bahngleise, auf der anderen verläuft die Innere Kanalstraße. Markante Elemente wie der Aachener Weiher, große Platanen-Alleen und Abschnitte wie die „Alhambra" sind jedoch noch in ihrer ursprünglichen Form erhalten. Der Innere Grüngürtel erfüllt noch eine weitere wichtige Funktion: Er ist ein Begegnungsraum für Menschen aus der Innenstadt und Bewohner der vorgelagerten Stadtviertel Kölns.

Was können Sie hier tun und erleben?

Je nachdem, ob Sie der Sonne entgegenradeln möchten oder diese lieber im Rücken haben, beginnen Sie die sieben Kilometer lange Fahrradtour beim Fort X am Neusser Wall oder im Volksgarten in der Kölner Südstadt. In den einzelnen Abschnitten zwischen den Ausfallstraßen können Sie sich auch sportlich betätigen: Für Tennis, Tischtennis oder Basketball sind entsprechende Anlagen vorgesehen. Der Rosengarten im Fort X ist nur in den Sommermonaten geöffnet.

Anfahrtspunkt:
Fort X am Neusser Wall

Parkmöglichkeiten:
Neusser Wall

Anreise mit ÖPNV:
U-Bahn-Linien 5, 16 und 18, Haltestelle Reichenspergerplatz

Die Karte zu dieser Tour finden Sie auf S. 125–127.

Im mittleren Teil des Inneren Grüngürtels hat man den Fernsehturm immer im Blick.

Von „Prinz Wilhelm von Preußen“ zur „Alhambra“

Den nördlichen Beginn dieser Radtour bildet das ehemalige Befestigungsfort „Prinz Wilhelm von Preußen“, heute „Fort X“ genannt. Erbaut zwischen 1818 und 1825, ist es nahezu vollständig erhalten und gilt als eines der bedeutendsten preußischen Festungsbauwerke in Köln. Eine Besonderheit ist der Rosengarten, den Fritz Encke Anfang der 1920er-Jahre auf dem Dach des Forts anlegen ließ. In Zusammenhang mit seiner Idee des sozialen Grüns und dem Wunsch, den Städtern die Flora nahezubringen, galt Rosengärten seine besondere Liebe (siehe Abschnitt „Die Parks von Fritz Encke“, S. 133).

Die von der Architektin Verena Dietrich entworfene Brücke verbindet den Herkulesberg mit dem MediaPark.

Überqueren Sie die Innere Kanalstraße, dann gelangen Sie in einen Grünabschnitt aus den 1980er-Jahren mit Liegewiesen, Spielflächen und Kleingärten. Daran schließt ein dreiteiliger Schmuckgarten an, der auf Schumachers Pläne zurückgeht: In seinem Zentrum befindet sich ein unter Straßenniveau liegender Garten mit einem auffälligen achteckigen Brunnen und laubenartig beschnittenen Bäumen. Die Kölner erinnerte dieses Bild an den Löwenhof der Alhambra im spanischen Granada, und seitdem wird dieser Teil des Gartens „Alhambra" genannt. Unser Weg führt auf der linken Seite der Inneren Kanalstraße ins näher gelegene „Ausland", die sogenannte „Nippeser Schweiz". Dieses Teilstück verdankt seinen Namen der von Schumacher modellierten Hügellandschaft: Mithilfe der Hügel wollte er die beengte Lage zwischen der Bahnführung und den Straßen auflösen. Über die verschlungenen Zubringer zur A 57, die dem Grüngürtel einen Teil der früheren Fläche raubten, geht es nun weiter zum höchsten Berg Kölns.

Im Schatten des Fernsehturms

Von der Liegewiese am Herkulesberg aus können Sie mit dem Rad auf die Kuppe des „Mont Klamott" hinauffahren, wie die Kölner diesen höchsten Kriegsschuttberg in Köln nennen – er ist immerhin fast halb so hoch wie der Kölner Dom. Gen Süden bietet sich ein weiter Blick über den zwischen Innerer Kanalstraße und Bahngleisen gelegenen Teil des Inneren Grüngürtels. Von hier aus gelangen Sie auch über die heuschreckenartige Fußgängerbrücke in den MediaPark. Der MediaPark mit dem vorgelagerten Teil des Inneren Grüngürtels bildet den Beginn des geplanten Nordkorridors „Am alten Rhein" innerhalb des Projekts RegioGrün der Regionale 2010, der vom MediaPark bis nach Knechtsteden führt (siehe Abschnitt „Mit dem Rad durch den Äußeren Grüngürtel", S. 157).

Blick von der „Zikadenbrücke" auf das Nouvel-Hochhaus im MediaPark

Über die Subbelrather Straße führt der Weg an großzügigen Spiel- und Liegewiesen im Schatten des Kölner Fernsehturms „Colonius" vorbei bis zur Venloer Straße. Die Wiesen stammen aus den Nachkriegsjahren, die hohen, dichten Alleen sogar noch aus Schumachers Zeit. An heißen Sommertagen erklingt hier ein vielstimmiges Jubelkonzert begeisterter Kinder, die eine Abkühlung am 1962 angelegten Wasserspielplatz genießen.

Das Herzstück – der Aachener Weiher

Da der direkte Weg zum nächsten Teilabschnitt des Grüngürtels durch die Bahntrasse und die vierspurige Richard-Wagner-Straße / Aachener Straße blockiert ist, müssen Sie zunächst einen Schlenker zur Inneren Kanalstraße und dann zum Aachener Weiher fahren. Bei schönem Wetter lesen, lernen und diskutieren hier Studenten, und Besucher des benachbarten Museums für Ostasiatische Kunst schlendern über die weitläufigen Wiesen die Hügel hinauf. In dem 2004 vom Architekten Wolfgang Felder errichteten Biergarten ist bei Sonnenschein kaum mehr ein Platz zu finden, und abends weht ein Duftgemisch internationaler Grillspezialitäten über das Grün. Vom Aachener Berg, ebenfalls eine Aufschüttung von Kriegstrümmern, haben Sie einen schönen Blick auf das parkähnliche Gelände. Unter diesem Berg befand sich einst das „Maifeld", der Aufmarschplatz der Nationalsozialisten.

Der Aachener Weiher bildet den Beginn des geplanten Korridors West des Projekts RegioGrün, der zwischen der Bahnlinie Köln–Aachen im Norden und der Autobahn A4 im Süden eingespannt ist. „Zwischen schnellen Wegen" ist sein Motto, das auf die Verkehrsinfrastruktur dieses Korridors verweist. Vom Aachener Weiher aus verläuft er am Lindenthaler Kanal entlang durch den Stadtwald, bis er sich am Stüttgenhof als eigentlicher Westkorridor öffnet.

Die Wasserspiele aus dem Jahre 1967 erfreuen über dreißig Jahre später noch die Kinder – und manchmal auch Erwachsene.

Campus und Volksgarten

Über die Bachemer Straße führt Sie der Weg weiter durch die gewaltige, dreireihige Platanenallee aus Schumachers Zeit an der Rückseite der Universitätsgebäude vorbei. Die tiefer liegende, terrassierte Wiese nutzen die Studierenden als Freiluft-Campus zum Lernen, Entspannen oder für den Sport. Jenseits der Zülpicher Straße gelangen Sie zum letzten zusammenhängenden Teil des Inneren Grüngürtels. Er führt an den Fakultätsbauten der Universität aus den späten 1960er-Jahren vorbei zur Luxemburger Straße. Unser Weg soll hier jedoch noch nicht enden, sondern Sie überqueren die Luxemburger Straße in den Eifelwall, fahren unter der Eisenbahnbrücke durch und gelangen geradeaus in den Volksgarten. Auch wenn dieser Park nicht als dem Inneren Grüngürtel zugehörig empfunden wird, weil er auf der anderen Seite der Bahn liegt, ist er doch als Schlusspunkt des grünen Bandes anzusehen. Im Grunde bildet dieser Park sogar den Beginn, denn er wurde bereits 1889 fertiggestellt.

Bereits in den 1920er-Jahren blockierte das Großmarktgelände die Anbindung des Grüngürtels an den Rhein, und seit vielen Jahren wird nunmehr diskutiert, dass der Großmarkt ein neues Zuhause außerhalb der Stadt erhalten soll. In diesem Zusammenhang soll dann auch die frei werdende Fläche genutzt werden, um den Grüngürtel bis zum Rhein hin zu vollenden.

Im Rahmen des Projekts RegioGrün der Regionale 2010 markiert der Volksgarten den Beginn des neuen Korridors Süd, genannt „Die Rheinischen Gärten“. Von hier soll der Korridor durch den Vorgebirgspark, den Äußeren Grüngürtel, an Seen vorbei und durch die fruchtbaren Gemüseanbauflächen vor den Toren Kölns bis zum Hofgarten nach Bonn führen (Entlang der Erft, Bd. 5).

Der Hügel am Aachener Weiher ist ein beliebter Treffpunkt für Jung und Alt.

Der Grünzug „Lindenthaler Kanal"

Auf diesem Weg können Sie die Verbindung erfahren oder erlaufen, die Stadtplaner Fritz Schumacher Mitte der 1920er-Jahre zwischen dem Inneren und dem Äußeren Grüngürtel geschaffen hat. Der Kanal ist auch die radiale Verbindung zum geplanten Korridor West des Projekts RegioGrün, die einmal in den dritten Grüngürtel vor den Toren Kölns münden soll. Konrad Adenauer hatte das Bild der Düsseldorfer „Kö", der edlen Königsallee, zu beiden Seiten des Kanals im Kopf, als er den Auftrag für den Grünzug „Lindenthaler Kanal" gab. Anders als in Düsseldorf finden Sie hier zwar keine vornehmen Geschäfte, aber durchaus edle Wohnbauten.

Was können Sie hier tun und erleben?

Der Grünzug „Lindenthaler Kanal" (kurz „Lindenthaler Kanal" genannt) ist eine durchgängige Promenade aus den zwei getrennten Wasserläufen Clarenbach- und Rautenstrauchkanal, die zum Flanieren oder Radfahren einlädt. Das Bauwerk ist in seiner Gesamtheit original erhalten, sodass Sie noch die Stilelemente des 17. und 18. Jahrhunderts begutachten können, die Fritz Schumacher bei der Gestaltung verwendete. Zu jeder Jahreszeit entfaltet der Kanal einen besonderen Zauber: im Frühjahr, wenn die Kastanien blühen, im Sommer, wenn die Baumkronen Schatten spenden, im Herbst, wenn sich die Blätter verfärben, oder im Winter, wenn Raureif und Schnee die kahlen Äste zieren. Sie können diesen Weg als Rundgang gestalten oder als Ausgangspunkt für einen längeren Ausflug in den Äußeren Grüngürtel oder den Korridor West wählen.

Anfahrtspunkt:
Aachener Weiher
Parkmöglichkeiten:
Parkhaus des Barceló Cologne City Center, Habsburgerring 9
Anreise mit ÖPNV:
U-Bahn-Linien 1 und 7, Haltestelle Moltkestraße

Die Karte zu dieser Tour finden Sie auf S. 125–127.

< Die von Gottfried Böhm entworfene Kirche Christi Auferstehung am Clarenbachkanal

Der Grünzug „Lindenthaler Kanal“

Flanieren wie in Düsseldorf – nur schöner

Vom Aachener Weiher aus überqueren Sie die Universitätsstraße an der Ampel zur Dürener Straße. Über die alte Universitätsstraße am Italienischen Kulturinstitut biegen Sie dann links in einen der Wege zu beiden Seiten des Clarenbachkanals ein. Den ersten Teil des Kanals säumen Doppelreihen prächtiger Kastanienbäume. Wenn Sie sich auf die erste Kanalbrücke stellen, fällt Ihr Blick am Fluchtpunkt des Kanalendes auf die expressionistische Kirche „Christi Auferstehung“ von Gottfried Böhm, die dieser Ende der 1960er-Jahre errichten ließ. Das verschachtelte Gotteshaus aus Ziegelmauerwerk und Beton steht auf einer leichten Anhöhe. Es lohnt übrigens einen Blick in das ungewöhnliche Innere mit seinen zahlreichen Nischen und markanten Betonsäulen. Vor der Kirche verspringt der Kanal nach links. Der von Fritz Encke entworfene Karl-Schwering-Platz (siehe Abschnitt „Die Parks von Fritz Encke“, S. 131) dient als Gelenkstück zum sich hier anschließenden Rautenstrauchkanal. Der Kanal beginnt mit einem Rundbecken, das die Figurengruppe „Kentaur und Najade“ von Georg Grasegger ziert. Letzterer ist auch der Schöpfer des „Heiligen Michael“ im Kölner Dom – der ersten modernen Plastik nach der Fertigstellung des Doms im 19. Jahrhundert. Während Sie unter den lichten Linden- und Ahornbäumen den Kanal entlangspazieren, können Sie einen Blick auf die Gitter und Brüstungen der Kanalanlagen werfen: Sie tragen noch die Originalhandschrift Fritz Schumachers. Am Ende des Kanals führt Sie ein begrünter Fußweg in der Mitte der Rautenstrauchstraße direkt in den Stadtwald. Über die Kitschburger Straße halten Sie sich anschließend auf dem bogenförmigen Weg links Richtung Tierpark.

Prächtige Kastanienbäume schmücken den Clarenbachkanal.

Tierpark, Freizeitpark, Joggerparadies

Der über zweihundert Hektar große Stadtwald wurde bereits zum Ende des 19. Jahrhunderts angelegt. Waldflächen wechseln hier mit Wiesen und einzelnen Baumgruppen. Zwei durch einen Kanal verbundene Teiche, Sportanlagen und der gut besuchte Wildpark machen den Charme des Stadtwalds aus. Der Spielplatz ist ebenfalls älteren Datums – er wurde bereits Mitte der 1920er-Jahre als Arbeitsbeschaffungsmaßnahme gestaltet. Eine besondere Attraktion ist, dass Kinder seit Anfang der 1970er-Jahre auf Ponys rund einen halben Kilometer durch das Gelände reiten dürfen.

Der über die Jahre nicht ausreichend gepflegte Stadtwald wurde dank Spendengeldern in jüngster Zeit in vielen Bereichen wieder hergerichtet. Totes Holz wurde entfernt, die Uferböschung der Weiher saniert, Wege frei geräumt und Bäume beschnitten, sodass wieder Aus- und Durchblicke möglich sind. Genießen Sie die Vielfalt einheimischer Hölzer, die Ruhe am Weiher und das Treiben der fröhlichen Kinder im Wildpark. Wenn ohrenbetäubender Jubel aus Tausenden von Kehlen zum Weiher herüberschallt, dann hat der 1. FC Köln im nahe gelegenen RheinEnergieStadion ein Tor geschossen.

Abstecher in den Korridor West

Der Stadtwald geht fast nahtlos, nur durch die Militärringstraße getrennt, in den Äußeren Grüngürtel mit dem nahe gelegenen Adenauerweiher über. Durch den Stüttgenweg gelangen Sie zum Stüttgenhof – und sind damit bereits im Korridor West. Sein Name, „Zwischen schnellen Wegen“, weist schon auf sein besonderes Merkmal hin: Die Eisenbahnstrecke Köln–Aachen und die Autobahn A 4 bestimmen einen wesentlichen Teil dieses Korridors. Mobilität und eine gute Infrastruk-

Linden- und Ahornbäume umsäumen auch das Rundbecken des Rautenstrauchkanals.

tur sind unverzichtbar für uns geworden – mit allen damit einhergehenden Vor- und Nachteilen. „Zwischen schnellen Wegen" will den grünen Korridor erhalten und für Naherholung und Freizeit erlebbar machen. Zentrale Bedeutung kommt dabei der Erlebnisroute Rhein–Erft zu, die mitten durch den Korridor verläuft: Der Rad- und Fußweg beginnt vom Rhein her am Aachener Weiher, verläuft am Lindenthaler Kanal entlang und dann durch den Kölner Stadtwald. Weitere Stationen sind der Stüttgenhof und Gut Clarenhof; sie liegen in einem bereits fertiggestellten Grünstreifen, der Köln-Junkersdorf und Köln-Weiden von der A 4 abschirmt. Ein markantes Ausflugsziel ist hier die Grabkammer Weiden (siehe Abschnitt „Von *CCAA* hinaus in die römische Welt", S. 30). Der Korridor West setzt sich zwischen Buschbell und Königsdorf bis an den Rand der Ville fort. Am Ende des Korridors stellt das Marienfeld die Schnittstelle zur Erftaue dar: Hier, wo sich einst der Tagebau Frechen befand, sind heute das Hochwasser-Rückhaltebecken, der Boisdorfer See und das Marienfeld mit dem Altarhügel des Weltjugendtags 2005 beliebte Anziehungspunkte für Erholung Suchende.

Der kleine Wildpark im Stadtwald ist vor allem für Kinder ein beliebtes Ausflugsziel.
Auf dem Marienfeld versammelten sich am Weltjugendtag 2005 rund 1,2 Millionen Menschen.

Drei „grüne" Männer – Adenauer, Schumacher und Encke

Ein Blick auf den Stadtplan zeigt gleich die Besonderheit des Kölner Grünraums: Zwei halbkreisförmige grüne Bänder umgeben und durchziehen die Stadt, der Innere und der Äußere Grüngürtel. Hinzu kommen radiale grüne Verbindungen, die aus der Stadt in das Kölner Umland hinausführen. Insgesamt handelt es sich um eine Grünfläche, die der Größe von rund zweitausendachthundert Fußballfeldern entspricht. Sie sorgt für frische Luft und bietet der Kölner Bevölkerung abwechslungsreiche Erholungsräume.

Ehemalige militärische Befestigungsanlagen

Diese Grüngürtel sind in Deutschland einzigartig und in der militärischen Geschichte der Stadt begründet. Bis zum Ersten Weltkrieg war Köln von einem beeindruckenden inneren und äußeren Festungsgürtel gesichert, und vor jedem Festungsgürtel lagen breite Schussfelder. Der äußere Fortgürtel maß stolze zweiundvierzig Kilometer – was in etwa der Entfernung vom Kölner zum Düsseldorfer Hauptbahnhof entspricht. Der Gürtel umgab den Dom in einem Radius von rund fünfeinhalb bis siebeneinhalb Kilometern zu beiden Rheinseiten. Zwölf Forts und 182 Verteidigungsanlagen, sogenannte Werke, machten Köln um 1900 zur größten Festung im Deutschen Reich. Genau darin bestand jedoch auch das Problem der wachsenden Stadt, denn es fand sich kaum noch Platz für

Vorausschauend wirkte Konrad Adenauer darauf hin, dass Köln einen natürlichen „Luftfilter" erhielt.

neue Wohnhäuser und Industrieanlagen. Zudem machte die technische Entwicklung die gewaltige Festungsanlage überflüssig, da moderne Schusswaffen die Schussfelder mühelos überbrücken konnten. Nach langwierigen Verhandlungen erwarb schließlich im Jahr 1907 die Stadt das Areal von Preußen für dreiundzwanzig Millionen Reichsmark. Damit verlor Köln zwar seine Eigenschaft als Festungsstadt, konnte sich jedoch endlich ausbreiten.

Der Kölner und die Hamburger

Zu verdanken ist der durchgehende Grünraum Konrad Adenauer, denn er beauftragte den Hamburger Städtebauer Fritz Schumacher mit der Planung eines attraktiven grünen „Kranzes", der der Erholung der Kölner Bürger dienen sollte. Ende der 1920er-Jahre wollte Schumacher eine Mischung aus gestalteten Grünräumen und mehrgeschossigen Wohnhäusern mit Grünflächen bauen. Letzteres scheiterte jedoch an der schlechten Wirtschaftslage vor und nach dem Zweiten Weltkrieg, und die unbebauten Flächen wurden daraufhin ebenfalls für den Grüngürtel genutzt.

Die Anlage des Äußeren Grüngürtels ließ sich die Stadt einiges kosten, denn es mussten dafür zunächst etwa zweihundert Hektar Grund und Boden von den Nachbargemeinden erworben werden.

Der Hamburger Städtebauer Fritz Schumacher plante den heute in großen Teilen noch vorhandenen Grüngürtel um Köln.

Um die Stadt von den Abgasen der Industrieanlagen des Vorgebirges abzuschirmen, wollte Adenauer außerdem auf freier Fläche ein großes zusammenhängendes Waldgebiet schaffen. So entstanden rund vierhundert Hektar Wald, die überwiegend aus Eichen, Buchen, Lärchen, Kiefern und weiteren Mischbaumarten bestanden. Doch auch ausländische, schnellwüchsige Bäume wie Douglasien, amerikanische Eichen und Eschen wurden gepflanzt.

Zahlreiche Teile der Grünanlagen und „Volksgärten" wurden von Fritz Encke gestaltet, der ebenfalls ein Hamburger war und städtischer Gartendirektor Kölns von 1903 bis 1926. Der Blücherpark, Beethovenpark, Friedenspark, Fritz-Encke-Volkspark, Humboldtpark, Klettenbergpark, Rheinpark und Vorgebirgspark – sie alle tragen seine unverkennbare Handschrift: Es sind Parkanlagen mit weitläufigen Liegewiesen als Erholungsfläche, mit Sportanlagen einschließlich der notwendigen Räumlichkeiten wie Umkleidekabinen, mit Weihern und Blumenrabatten in freier oder strenger Anordnung, mit Spielplätzen und Schmuckgärten, Brunnen und vielem mehr.

Schumachers und Enckes Idee der multifunktionalen Grünanlagen hat sich bis heute hervorragend bewährt: Der Innere und der Äußere Grüngürtel sind seit ihrer Entstehung hoch geschätzte Naherholungsgebiete der Bewohner von Köln.

Die zum Grüngürtel gehörende „Alhambra" um 1925

Gartendirektor Fritz Encke schuf zahlreiche naturnahe Erholungsräume für die Kölner.

Mit dem Rad durch den Äußeren Grüngürtel

Der Äußere Grüngürtel zieht sich als zusammenhängendes, linksrheinisches Teilstück zwischen der Militärringstraße und der Bundesautobahn A 4 vom ehemaligen Zwischenwerk VIII b in Köln-Marienburg bis zum Zwischenwerk V a in Köln-Müngersdorf. Die mit einer Gesamtfläche von ungefähr achthundert Hektar größte städtische Grünfläche entstand in nur sieben Jahren. Weitere Teilstücke sollen – der Planung Adenauers folgend – als Projekt der Regionale 2010 in Zukunft entstehen. Hierzu zählt zum Beispiel der Landschaftspark Belvedere zwischen Aachener Straße und Freimersdorfer Weg im Norden, begrenzt durch die Autobahn A 1.

Was können Sie hier tun und erleben?

Obwohl Sie nur eine Viertelstunde Fahrzeit vom linksrheinischen Inneren Grüngürtel und damit dem inneren Kölner Stadtgebiet entfernt sind, können Sie sich hier fühlen wie in der freien Natur: Sie können Bootsausflüge unternehmen, Schafherden und Wildtiere beobachten und Reste der preußischen Befestigungsanlagen entdecken. Da der Äußere Grüngürtel zu beiden Seiten durch den Militärring und die Autobahn begrenzt ist, können Sie sich auf dieser Radtour eigentlich nicht verfahren. Daher werden lediglich kritische Streckenpunkte detailliert beschrieben und ansonsten auf Sehenswertes hingewiesen.

Auch auf der rechten Rheinseite sind noch Teile des Äußeren Grüngürtels und der preußischen Befestigungsanlagen erhalten. Mit dem Fahrrad sind diese Teile allerdings nicht über durchgehend begrünte, mit Radwegen erschlossene Gebiete erreichbar, sodass wir uns bei dieser Tour durch den Äußeren Grüngürtel auf die linke Rheinseite beschränken.

Anfahrtspunkt:
Zwischenwerk VIII b in Marienburg
Parkmöglichkeiten:
Park-and-ride-Parkplatz nahe der Haltestelle Heinrich-Lübke-Ufer
Anreise mit ÖPNV:
U-Bahn-Linie 16,
Haltestelle Heinrich-Lübke-Ufer
Buslinie 132, Haltestelle Arnoldshöhe

Die Karte zu dieser Tour finden Sie auf S. 125–127.

Der Decksteiner Weiher ist Ausgangspunkt des Regionale 2010-Korridors Südwest, der zu den Villeseen führt.

Mit dem Rad durch den Äußeren Grüngürtel

Vom Kölner Festungsmuseum zum ersten Weiher

Im Kölner Festungsmuseum im Zwischenwerk VIII b, einem Teil des äußeren preußischen Festungsgürtels von 1873, können Sie sich anhand von Plänen, Schautafeln und Exponaten umfangreich über dieses einzigartige Bollwerk informieren. Es werden kostenlose Führungen von ehrenamtlichen Dozenten für Einzelpersonen oder Gruppen angeboten (siehe Inforaum S. 165). Ebenfalls einen Blick wert ist der Skulpturenpark verschiedener zeitgenössischer Künstler auf dem Zwischenwerk und in der Grabenanlage: Skulpturen aus Stahl, Beton und Erde sind hier zu sehen.

Der Radweg parallel zum Militärring bringt Sie zur Unterführung und Sie fahren unter der Autobahn hindurch. Folgen Sie dazu kurz vor dem Verteilerkreuz links schwenkend dem Weg zwischen den Baumreihen. Wenn Sie nach rechts einen Blick zum Verteiler werfen, sehen Sie eine fünfzig Meter hohe rote Stele in den Himmel ragen: Sie ist eine Hälfte eines Projekts der Regionale 2010, das die Verbundenheit der beiden Städte Köln und Bonn und die Zusammenarbeit ihrer über fünfzig Kommunen symbolisiert. Die zwei Teile der Skulptur „Standortmitte" des Kölner Künstlers Lutz Fritsch, deren Zwilling auf dem Bonner Verteilerkreis steht, sind über die Autobahn 555 miteinander verbunden. Zu einem Ganzen lässt sich die Skulptur nur im Kopf vereinen und verweist so auf die gedankliche Einheit der historisch gewachsenen Region Köln / Bonn. Halten Sie sich auf einem mehrerer Wege Richtung Norden. An sonnigen Tagen können Sie auf einer der zahlreichen Liegewiesen eine Pause einlegen oder grasenden Schafen, herumtollenden Hunden und Joggern zuschauen. Zu jeder Tages- und Jahreszeit entfaltet dieser Teil des Grün-

Das ehemalige Zwischenwerk VIII b im Süden des Äußeren Grüngürtels

gürtels seinen eigenen Reiz: Die im Herbst in unzähligen Farbschattierungen schimmernden Blätter erinnern ein wenig an den *Indian Summer* Kanadas. Auf dem Weiher am Zollstocker Weg können Sie ein Bötchen mieten oder am Wohnwagen Kiosk mit dem ratternden Generator eine Rast einlegen. Im Winter können Sie auf dem zugefrorenen See mit Schlittschuhen Ihre Kreise ziehen.

Gepflegt dinieren am See

Die nächste Hürde ist die Eisenbahn: Hier müssen Sie auf der rechten Seite des Militärrings durch die Unterführung fahren und dann am Unteren Komarweg wieder links in den Grüngürtel einschwenken. Ihr Ziel ist der schöne Decksteiner Weiher. Auch wenn man es ihm nicht ansieht, ist er nur eineinhalb Meter tief und mit einer Betonschale zum Untergrund hin abgedichtet. In den frühen Morgenstunden, wenn noch zarte Nebelschwaden über das Wasser ziehen, Fischreiher zum Beutefang starten und Schwäne ihre Jungen umsorgen, kann man hier die Stille genießen. Schon bald erscheinen die ersten Jogger und Radfahrer auf dem Weg zur Arbeit. Im Laufe des Tages wird es dann am See geschäftig und am Wochenende auch gern einmal richtig turbulent.
Nahe dem Verbindungskanal der beiden Teile des Weihers können Sie die Überreste des 1873 errichteten Fort VI besichtigen, des ersten linksrheinischen Forts der äußeren Festungsanlage. Wie alle militärischen Befestigungen musste es später nach den Vorgaben des Versailler Vertrags geschleift werden, sodass nur die Kehlkaserne und Teile der seitlichen Flankengräben geblieben sind. Fritz Encke wandelte Ende der 1920er-Jahre das „Fort Deckstein", wie es auch genannt wird, in eine Erholungsanlage um und ließ bestimmte Bereiche des Grabens auffüllen. Dadurch verschwand das Erdgeschoss, und Sie stehen heute eben-

Bevor Sie den Autobahnzubringer erreichen, ragt die feuerrote Stele des Regionale 2010-Projekts am Kölner Verteiler durch das Grün.

erdig vor dem früheren Obergeschoss. Im nördlichen Seitengraben können Sie den von Encke gestalteten Felsengarten besichtigen.
Ein weiteres beliebtes Ausflugsziel ist das „Haus am See“ am Ufer des kleineren Weihers. Von seiner Terrasse aus können Sie den Blick auf den See und die Bootfahrer genießen. Der Decksteiner Weiher bildet auch den Ausgangspunkt des Korridors Südwest des Regionale 2010-Projekts RegioGrün, der zu den Villeseen hinausführt.
Von der Bachemer Straße zweigt nach rechts ein schmaler Weg ab, der Sie zur Bahnüberführung und weiter zum Arboretum bringt. Diese in den 1920er-Jahren begonnene Baumsammlung sollte als botanischer Garten der Wissenschaft und Lehre dienen, wurde jedoch nie vollendet. Heute sind hier neunzehn Baumarten zu finden, darunter Chinesisches Rotholz und andere Mammutbäume.

Im Club Astoria lässt es sich idyllisch mit Blick auf den Adenauerweiher rasten.
Das Arboretum zwischen Dürener Straße und Bahnstrecke zeigt seltene Baumarten.

Geplante Vollendung – Landschaftspark Belvedere

Über die Dürener Straße hinweg führt der Weg rechts oder links am Adenauerweiher vorbei. Hier bietet sich eine gute Gelegenheit, im „Biergarten am See" des Club Astoria Rast zu machen. Das ehemalige Offizierscasino und Hotel der belgischen Armee aus dem Jahre 1948 stand nach der Auflösung der belgischen Garnison im Jahr 2003 jahrelang leer. Seit seiner Wiedereröffnung 2007 ist das Haus ein beliebtes Ausflugs- und Tagungsziel geworden.

Fahren Sie durch die Sportanlagen, die das RheinEnergieStadion umgeben, hindurch und überqueren Sie die Aachener Straße. Nehmen Sie dann den Walter-Binder-Weg, der auf die Belvederestraße stößt, fahren Sie linker Hand über die Eisenbahnbrücke und weiter auf der Belvederestraße gen Norden.

Sie befinden sich nun im geplanten „Landschaftspark Belvedere", der den nördlichen Bereich des Äußeren Grüngürtels im Rahmen des Regionale 2010-Projekts RegioGrün vollenden soll. Die das Gebiet von Süden nach Norden durchziehende Belvederestraße ist der Namensgeber des künftigen Landschaftsparks. Er wird die Lücke zum nördlichen Teil des Äußeren Grüngürtels, dem Nüssenberger Busch, schließen und bildet den Auftakt des Korridors Nordwest, genannt „Zu neuen Energien". Dieser Korridor wird durch Freimersdorf führen und durch offene Landschaft bis zum Glessener Tal, dem Quellbereich des Pulheimer Bachs. An der Glessener Höhe und dem Tagebau Bergheim vorbei stößt der Korridor in Niederaußem auf eines der größten Braunkohlekraftwerke der Welt. Die letzte Station bildet dann der Tagebau Hambach mit dem Regionale 2010-Projekt „Terra Nova". Ausführliche Informationen zum Korridor Nordwest finden Sie in **Entlang der Erft (Bd. 5)**.

Das Ende der Belvederestraße ist auch das Ende dieser Radtour.

Im RheinEnergieStadion im nördlichen Grüngürtel können über 50.000 Fußballfans bei Bundesligaspielen mitfiebern.

Sonnenuntergang hinter dem Dom

Diese entspannte Wander- oder Fahrradtour führt Sie rechtsrheinisch parallel zum Rhein an den Rheinwiesen entlang Richtung Norden bis zum Mülheimer Stadtgarten. Zunächst folgen Sie dem baumbestandenen Weidenweg, dann geht es an Sportanlagen vorbei weiter zu den Poller Wiesen. Das Highlight bildet das prächtige Panorama des Rheinauhafens und der Kölner Altstadt. Auf teils sandigem Strandweg erreichen Sie schließlich den Mülheimer Hafen und den Mülheimer Stadtgarten. Zurück geht es am schnellsten mit der U-Bahn, wenn Sie den Tag auf der linksrheinischen Seite ausklingen lassen möchten.

Was können Sie hier tun und erleben?

Bitte beachten Sie für Ihre Planung, dass vormittags die linke und nachmittags die rechte Rheinseite in der Sonne liegt. Da die Tour immer am Rhein entlang gen Norden führt, können Sie den Zeitpunkt für Ihren Rückweg ganz frei wählen und dieselbe Strecke zurückfahren oder über eine der Brücken den Rhein überqueren und dann auf der linken Uferseite zurückfahren oder -gehen. Auf dieser Tour bieten sich viele schöne Möglichkeiten, bei einer kleinen Erfrischung eine Pause einzulegen und entspannt das Rheinpanorama zu genießen.

Anfahrtspunkt:
Weidenweg unter der Rodenkirchener Brücke auf der rechten Rheinseite oder jeder beliebige andere Punkt am rechten Rheinufer

Parkmöglichkeiten:
Je nach Startpunkt gibt es am Rhein verschiedene Parkmöglichkeiten

Anreise mit ÖPNV:
U-Bahn-Linie 7, Haltestelle Baumschulenweg; mögliche Rückfahrt Richtung Innenstadt mit den U-Bahn-Linien 4 und 18 ab Haltestelle Wiener Platz

Die Karte zu dieser Tour finden Sie auf S. 125–127.

Den Dom immer im Blick – hier am Mülheimer Hafen ...

... und hier vom Deutzer Ufer aus

Von den Poller Wiesen zum Mülheimer Stadtgarten

Als Fußgänger und Mountainbiker sollten Sie den Weg in Ufernähe wählen, als Radfahrer die höher gelegene Alfred-Schütte-Allee. Nach rund zwei Kilometern erreichen Sie die Poller Wiesen, das Eldorado der Drachenlenker und Frisbeespieler – Fußballbegeisterte kommen hier wegen der vielen Maulwurfshügel nicht auf ihre Kosten. Mit Blick auf den Rheinauhafen und sein „Siebengebirge" – wie die Kölner die ehemalige Speicherstadt mit den spitzen Dächern nennen –, die drei „Kranhäuser" der Architekten Bothe Richter Teherani und LINSTER Architekten und das Deutsche Sport & Olympia Museum erreichen Sie die Drehbrücke im Deutzer Hafen. Linker Hand führt der Radweg weiter die Deutzer Werft entlang, den südlichen Teil des zukünftigen „Rheinboulevards". Parkartige Wiesen und ein Spielufer als attraktiver Grünraum für die Anwohner werden die Hauptmerkmale dieses Abschnitts sein.

Baden im Rhein – vor den Poller Wiesen ist es möglich.

Etwa hundert Meter vor der Deutzer Brücke, zwischen Deutzer Werft und Siegburger Straße, stoßen Sie auf die Überreste der „Rheinkehlmauer". Sie ist ein Teil der 1818 angelegten Infanteriemauer, die der Verteidigung des Deutzer Ufers diente und aus waagerecht liegenden Basaltstelen besteht, in die Schießscharten eingelassen sind. Zur Deutzer Seite hin ist die Kehlmauer bis auf Brüstungshöhe angeschüttet und als Befestigungsanlage nicht mehr erkennbar; sie ist das letzte Relikt der ehemaligen Deutzer Befestigung.
Im Zuge der Bauarbeiten für den zukünftigen Rheinboulevard entdeckten Archäologen in Höhe der Kirche Alt St. Heribert die Fundamente des alten römischen Kastellturms. Er bildete in preußischer Zeit die Basis des sogenannten „Schinkenturms", der seinen Spitznamen einem großen preußischen Kochgefäß verdankte, in dem Schinken gekocht wurden. Bereits 1909 wurde der Schinkenturm geschleift, wie auch die meisten anderen Bestandteile des preußischen Festungsrings. Die geplante Freitreppe des Rheinboulevards wird das römische Turmfundament zukünftig durch eine halbrunde Öffnung in Szene setzen und auf diese Weise der linksrheinischen Archäologischen Zone auf der gegenüberliegenden Rheinseite eine Entsprechung bieten.
Folgen Sie der Route auf den für Fahrräder oder Fußgänger tauglichen Wegen bis zur Mülheimer Landzunge und nehmen Sie dort die schmale Brücke, die die Zufahrt zum Mülheimer Hafen überquert. Den erholsamen Abschluss der Erkundungstour bildet der „Mülheimer Stadtgarten". Er wurde 1913 von Fritz Encke in einer früheren Niederung des Strunder Baches angelegt, der eine zum Merkerhof gehörende Mühle betrieb; an der Stelle des Sees befand sich damals der Mühlteich. Gegen Ende der 1920er-Jahre wurde der Stadtgarten auf die heutige Fläche vergrößert.

Der neue Rheinauhafen mit einem der drei markanten Kranhäuser

Regionale 2010 RegioGrün

Das Regionale 2010-Projekt „RegioGrün“ knüpft an das Erbe der „Väter“ des Inneren und Äußeren Grüngürtels an: Konrad Adenauer und Fritz Schumacher. Die Projektbeteiligten aus der Region Köln/Bonn entwickeln dabei Vorschläge, wie verschiedene Landschaftsteile gemeinsam einen neuen dritten Grüngürtel ergeben können – und dies beiderseits des Rheins.

Die sechs Korridore einer neuen Parklandschaft

In Weiterführung der Gedanken Adenauers, Schumachers und Enckes planen die Beteiligten sechs Landschaftskorridore, die aus den Kölner Grüngürteln – an zwei Stellen aus dem inneren, an vier aus dem äußeren – herauswachsen und die dicht besiedelte Landschaft um Köln gliedern sollen. Drei dieser Korridore reichen im Westen bis zur Ville und zur Erft – sie bilden den linksrheinischen dritten Grüngürtel. Ein weiterer Korridor erstreckt sich vom Norden Kölns bis zum Kloster Knechtsteden, ein anderer vom Süden Kölns bis zum Bonner Stadtgebiet. Dem rheinübergreifenden Ansatz der Regionale folgend, ergibt sich auch auf der rechten Rheinseite ein dritter Grüngürtel, der sich aus drei Korridoren zusammenfügt: Der nördliche Korridor schafft eine Verbin-

Wiedererkennungselemente in Form von Stelen sollen die Orientierung im Gelände erleichtern.

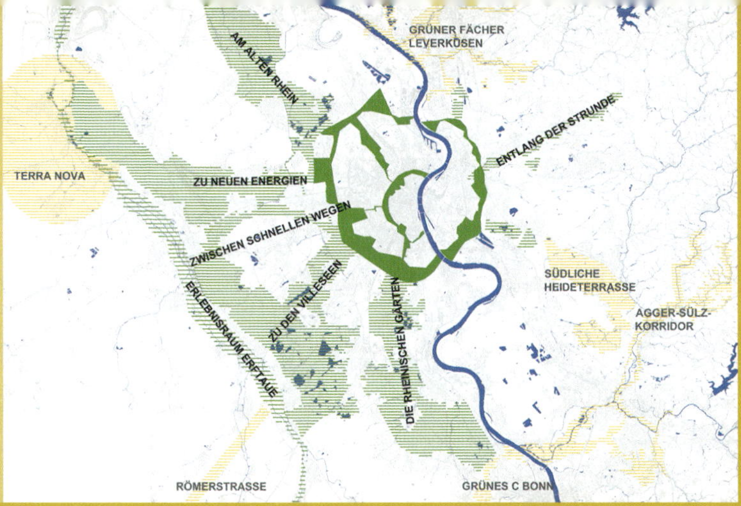

dung zu den Landschafts- und Grünflächen um Leverkusen, der südliche bindet die Wahner Heide an. Der mittlere Korridor folgt dem Verlauf des Flüsschens Strunde bis zu dessen Quelle im Bergisch Gladbacher Stadtteil Herrenstrunden.

Vom Idealpark zum Landschaftspark

Die heutigen Voraussetzungen und die Anforderungen an Erholungsgebiete sind allerdings andere als zur Zeit Fritz Schumachers. Er und seine Mitstreiter hatten es Anfang des 20. Jahrhunderts leichter, weil der Landschaftsraum des Inneren und Äußeren Grüngürtels sozusagen unberührt war. Natürlich mussten auch sie sich mit rechtlichen Grundstücksfragen befassen. Heute aber ist die Lage komplexer: Es gilt, trotz aller sich teils widersprechenden Interessen Freiraumstege zum Kölner Umland zu schaffen, dabei Vorhandenes sinnvoll zu integrieren und auf diese Weise verbindende Grün- und Erholungsflächen zwischen Stadt und Landschaft zu gewinnen.

Dabei steht der Begriff des „Landschaftsparks" im Mittelpunkt. Inhaltlich bedeutet dies, dass die neuen Landschaftsparks im Gegensatz zu den künstlich geschaffenen Parkanlagen des 19. Jahrhunderts kein romantisches Idealbild einer Landschaft zu formen versuchen. Im Gegenteil, sie beziehen das Vorhandene ein, ergänzen es und weisen auf seine besonderen Merkmale hin. Diese Form des Landschaftsparks entwirft also kein Gegenbild zur Realität, sondern spiegelt vielmehr unsere Welt mit all ihren Brüchen und Widersprüchen: Der Park umfasst auch Kraftwerke, Abbau- und Lagerstätten, Straßen und eintönige Gewerbegebiete. Selbstverständlich können weder bebaute Flächen einfach abgerissen noch landwirtschaftlich genutzte Flächen in Erholungsräume mit Seen, Wäldern, Wiesen und Wegen umgewandelt werden. Doch

Die sechs Korridore des RegioGrün-Konzepts

wenn bewirtschaftete Ackerflächen künftig nicht mehr als Bauland ausgewiesen werden dürfen, sind sie bereits dauerhafter Bestandteil eines neuen Landschaftsparks – als landwirtschaftlich genutztes Stück Natur. In jedem der geplanten Korridore soll eine Erlebnisroute in Form eines Fuß- und Radwegesystems die neue Parklandschaft erschließen, Städte und Siedlungen mit der Landschaft verbinden, zu Sehenswürdigkeiten hinführen und mit öffentlichen Verkehrsmitteln zu erreichen sein. Halböffentliche Spiel- und Freizeitplätze vor Wohnsiedlungen können dabei in öffentliche Räume übergehen; Gewerbegebiete werden durch eine besondere Art der Umpflanzung zum Grün hin markiert. Die Fuß- und Radwege, die durch den Landschaftsraum führen, sollen hier mehr als reine Verbindungswege zwischen zwei Punkten sein: Durchquert man den Raum, soll man etwas über seine Geschichte, seine Bedeutung und sein Wesen erfahren können. Dazu wird nicht nur die Einrichtung von Infostationen zu bestimmten Themen – wie beispielsweise dem Tagebau – beitragen, sondern auch die Schaffung von Rastgelegenheiten und Aussichtstürmen entlang der Routen, die zur Erkundung des Landschaftsraums einladen.

Als Wegweiser für die neuen Routen wird das in NRW verbindliche System zur Ausschilderung von Radwegen (RWS) zum Tragen kommen.

TOURISMUSINFORMATION
Weitere Informationen zum Projekt der Regionale 2010 **Standortmitte** finden Sie auf der Website: www.regionale2010.de
Informationen zum Projekt **RegioGrün** unter: www.regio-gruen.de
Informationen zum Projekt **Terra Nova** unter: www.gaerten-der-technik.de

WAHRHAFT WEHRHAFT
Kölner Festungsmuseum
Militärringstr. 10, 50996 Köln-Marienburg
Tel. 0162 / 739 95 05
Jeden 1. Sa und 3. So im Monat 12–18 Uhr
Führungen: 12, 14 und 16 Uhr
Anmeldung für Gruppen
Weitere Informationen, auch über die Außenstellen Fort VI und Winkelturm unter: www.museum.crifa.de und www.crifa.de

Außenstelle Fort VI
Am Decksteiner Weiher 10,
50338 Köln-Lindenthal
Besichtigung für Gruppen nach Vereinbarung

Außenstelle Winkelturm
Neusser Landstraße 2, 50735 Köln-Niehl
Jeden 3. Sa im Monat, Führungen um 14 Uhr

AKTIV DABEI
Rheinpark
Thematische Rundgänge durch den Rheinpark unter:
www.stadt-koeln.de/6/gruen/rheinpark
Der Rheinpark ist frei zugänglich (barrierefrei) und ganzjährig geöffnet
Eintritt: frei

Sommerliche Blumenpracht im Rheinpark unter Europas einziger Fluss-Seilbahn

See im Mülheimer Stadtgarten

Erlebnisraum
Das rechtsrheinische Köln

Die *schäl Sick*

Deutz ist Deutz und Mülheim ist Mülheim – doch alle rechtsrheinischen Stadtteile haben im Volksmund noch einen weiteren Namen: Sie bilden die *schäl Sick*, die „blinde Seite". Der Ausdruck stammt möglicherweise aus dem frühen Mittelalter, als Pferden, die die Schiffe vom Uferweg aus rheinaufwärts zogen, das der Wasserseite zugewandte linke Auge mit einer Scheuklappe verdeckt wurde (so lautet zumindest eine Theorie). Bei ihrer Arbeit hatten damit die Pferde eine blinde Seite, eine *schäl Sick* – die rechtsrheinische Seite. Die Ursprünge des Stadtteils Deutz gehen, wie der frühere Name zeigt, auf die

Diesen schönen Blick auf den Dom und die Altstadt hat man nur von der rechten Rheinseite.

Römer zurück, die dort rund tausend Legionäre zur Verteidigung der Brücke und der linksrheinischen Siedlung stationiert hatten. Aus dem Namen *Divitia* beziehungsweise *Castrum Divitensium* entwickelte sich im Laufe der Jahrhunderte „Deutz".

Prägend für die rechte Seite: Die Industrialisierung

Im Zuge der Industrialisierung im 19. Jahrhundert rückte die rechte Rheinseite „näher" an die linke heran: Aus Platzmangel im Kerngebiet der linken Uferseite siedelten sich zahlreiche Industriebetriebe auf der *schäl Sick* an. Nach fast tausendsechshundert Jahren der Eigenständigkeit wurde Deutz schließlich im Jahre 1888 eingemeindet und bildete fortan den rechtsrheinischen Teil der Kölner Innenstadt. Doch auch andere eingemeindete Gebiete boten im Zuge der Industrialisierung Flächen für Neuansiedlungen: Im Stadtteil Köln-Höhenhaus entstanden zum Beispiel gegen Ende des 19. Jahrhunderts Werkswohnungen des Carlswerks von Felten & Guilleaume.

Um Tradition und Moderne miteinander zu verbinden und die rechte Kölner Rheinseite aufzuwerten, wurde im Jahre 1924 auf Bestreben des Kölner Oberbürgermeisters Konrad Adenauer in Deutz die Kölner Messe gebaut. Bestand sie zunächst nur aus den „Adenauer'schen Pferdestallen", wie die Kolner die ersten, schlicht gehaltenen Hallen nannten, erhielt sie im Jahre 1928 anlässlich der Internationalen Presse-Ausstellung „Pressa" ihr charakteristisches Aussehen. Mit der Mülheimer Brücke wurde ein Jahr später dann auch die Rheinquerung im nördlichen Teil Kölns ermöglicht. Im Jahre 1976 wurden bei der letzten großen Stadterweiterung auch die südlichen rechtsrheinischen Bezirke bis Zündorf und Wahn und Teile der Wahner Heide sowie des Königsforsts der Stadt Köln angegliedert.

Bald soll der Rheinboulevard diese noch gepflasterte und betonierte Fläche der Deutzer Werft ersetzen und zum entspannten Flanieren einladen.

Wandel und Aufwertung

In den vergangenen beiden Jahrzehnten hat sich im Rechtsrheinischen ein Strukturwandel vollzogen. Zahlreiche Fertigungsbetriebe wurden geschlossen und an ihrer statt siedelten sich verstärkt Betriebe aus dem Dienstleistungssektor an. In deren Gefolge eröffneten wiederum Cafés, Kneipen, Restaurants und mit dem „E-Werk" auch der erste große kulturelle Veranstaltungsraum auf dieser Seite des Flusses. Städtebauliche Großprojekte wie das fast vierzig Hektar umfassende Gelände der ehemaligen Chemischen Fabrik Kalk (CFK) verhalfen zum Beispiel dem Stadtteil Kalk zum Aufschwung. Das Gebiet, das im Vorfeld über Jahre von Grund auf entgiftet werden musste, erhielt ein neues Straßennetz und wurde an die Zoobrücke angebunden. Mit dem Bau des Stadthauses und letztlich der LANXESS arena wurde Deutz in jüngster Zeit zu einem rechtsrheinischen Mittelpunkt für ganz Köln.

Die Erkundungstouren der rechten Rheinseite

Sie können im Folgenden zu Fuß die grundlegenden Aspekte der Kölner Stadtentwicklung beiderseits des Rheins – Bewahrung links und Aufbruch rechts – weiter erkunden und auf der rechten Rheinseite etwas erleben, um das die linksrheinischen Anwohner die rechtsrheinischen insgeheim schon immer beneidet haben: den wunderbaren Blick auf die Kölner Altstadt. Die Wahner Heide lohnt einen Ausflug, bei dem Sie sich in unmittelbarer Stadtnähe wie im Landurlaub fühlen können, selbst wenn Fluglärm das Idyll zeitweise unterbricht. Und wer seinen Wissensdurst stillen möchte, dem bieten schließlich die „Gärten der Technik" der Regionale 2010 zahllose Möglichkeiten, Spannendes über das Leben des Menschen auf der Erde, aber auch über zukünftige Projekte im All zu erfahren.

Das Naherholungsgebiet Wahner Heide liegt in der Nähe des Flughafens. Erläuterungen zum Spaziergang finden Sie ab S. 187.

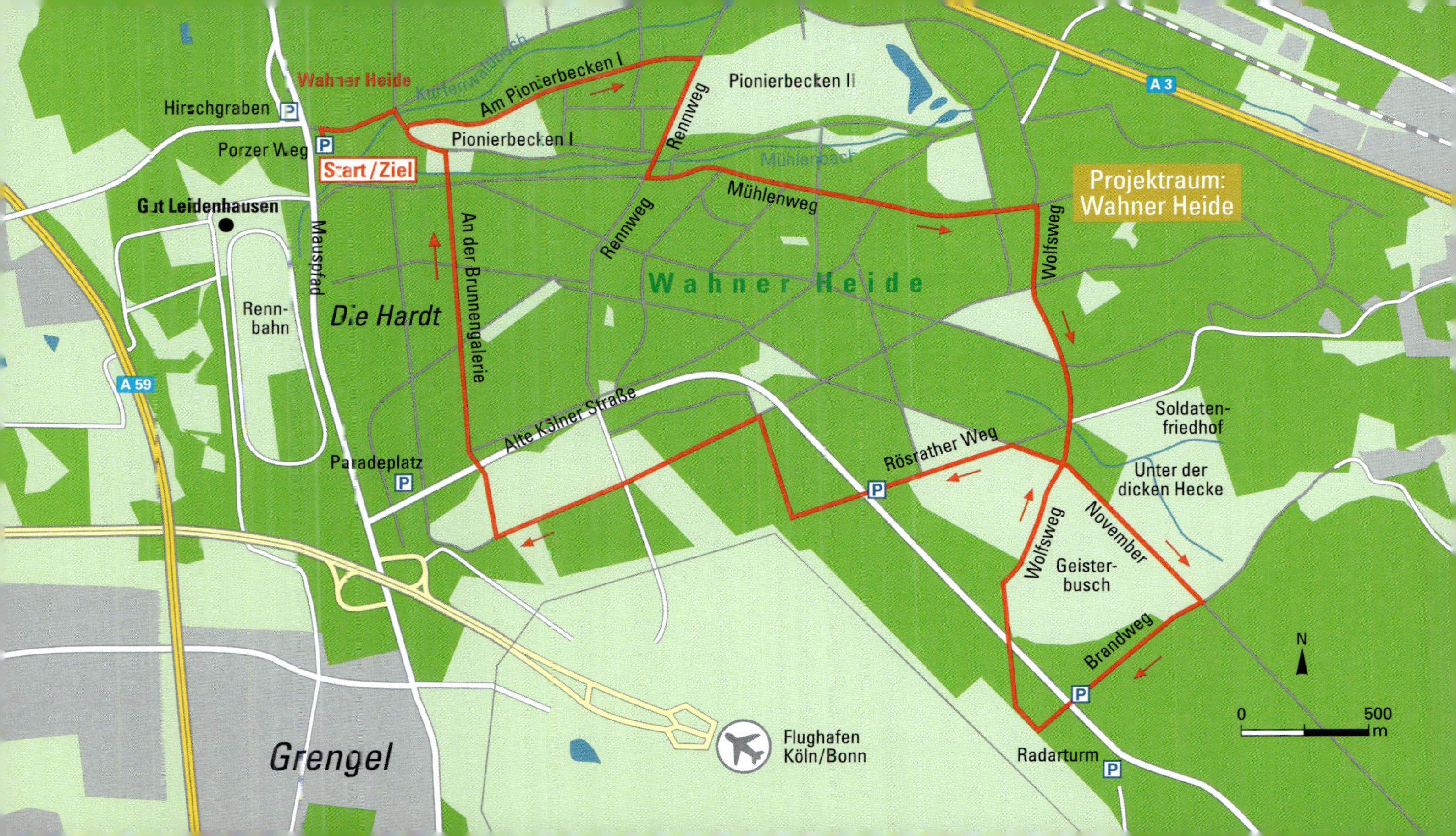

Projektraum: Wahner Heide
Wahner Heide
Hirschgraben
Porzer Weg
Start/Ziel
Gut Leidenhausen
Mauspfad
Rennbahn
Die Hardt
Paradeplatz
Am Pionierbecken I
Pionierbecken I
Pionierbecken II
Kurtenwaldbach
Mühlenbach
Rennweg
Mühlenweg
An der Brunnengalerie
Wahner Heide
Alte Kölner Straße
Wolfsweg
Rösrather Weg
Soldatenfriedhof
Unter der dicken Hecke
November
Geisterbusch
Brandweg
Radarturm
Flughafen Köln/Bonn
Grengel
A 3
A 59
N
0
500
m

Aufbruch – von links nach rechts und zurück

Noch prägt vor allem die linksrheinische Seite die Kölner Innenstadt – mit dem Rheingarten, den vielen Schiffsanlegern und der fast durchgängigen Außengastronomie vor der Altstadt. Aber mit der neuen Freitreppe und dem Rheinboulevard wird auch die rechtsrheinische Seite an Attraktivität gewinnen. Und sie hat zwei entscheidende Vorteile: Nur hier bietet sich ein unverstellter Blick auf den Dom mit der Hohenzollernbrücke und die Altstadt, und nur hier gibt es in den Abendstunden Sonne, während die linksrheinische Seite im Schatten liegt.

Was können Sie hier tun und erleben?

Dieser Rundweg führt Sie über zwei Rheinbrücken und in relativ neue rechtsrheinische Stadträume mit markanten architektonischen Bauten. Sie erleben die ganz wesentliche, verbindende Bedeutung der Rheinbrücken für die Stadt und den individuellen Charakter der beiden Innenstadtteile. Und Sie können bei schönem Wetter in einem der Biergärten am Ufer den Sonnenuntergang hinter der malerischen linken Rheinseite genießen.

Anfahrtspunkt:
Rheingarten

Parkmöglichkeiten:
Parkhaus Heumarkt

Anreise mit ÖPNV:
U-Bahn-Linien 5, 16 und 18, Haltestelle Hauptbahnhof

Blick von den Dächern des Doms über die Hohenzollernbrücke auf die rechte Rheinseite

Imposantes Bürohochhaus am Ottoplatz, genannt „KölnTriangle"

Aufbruch – von links nach rechts und zurück

Vom Rheingarten nach rechts

Der Rheingarten der Kölner Altstadt lädt ein zum Bummeln, zum Beobachten des lebhaften Schiffverkehrs auf dem Rhein oder zur Einkehr in eines der zahlreichen Restaurants. Er wurde im Jahre 1984 im Zuge der Untertunnelung der Rheinuferstraße angelegt und wertete damit die Altstadt bedeutend auf. Heute gehört der Bereich zwischen Hohenzollern-

Unser Tourbeginn ist der Rheingarten vor der Kölner Altstadt.

brücke und Deutzer Brücke mit der gesamten Altstadt zu einem der beliebtesten Ausflugsziele für Köln-Touristen – wenn man vom Dom einmal absieht. Über die weite Treppe zum Museum Ludwig hinauf gelangen Sie rechter Hand auf die Hohenzollernbrücke. Die im Jahre 1911 fertiggestellte Brücke zierten einst zwei imposante Steintürme, die aus Kostengründen nach dem Krieg jedoch nicht wiederaufgebaut wurden. Zwei Gleisbrücken und eine Straßenbrücke stellten die notwendige Verbindung für das erhöhte Verkehrsaufkommen her, das die alte Brücke von 1859 nicht mehr bewältigen konnte. Nach dem Zweiten Weltkrieg wurde die zerstörte Straßenbrücke nicht erneuert; statt ihrer wurde in den 1990er-Jahren eine dritte Gleisbrücke unter den Augen Hunderter Schaulustiger neben die bereits bestehenden Gleise geschoben. Die zahlreichen kleinen und großen am Zaun angebrachten Vorhängeschlösser verliebter Paare, die sogenannten „Liebesschlösser“, sind eine Besonderheit der Hohenzollernbrücke, die auf einen vermutlich italienischen Brauch zurückgeht.

Eingang zur rechtsrheinischen City

Auf rechtsrheinischer Seite führt neben der Brückenrampe ein Weg zum Ottoplatz mit dem Bahnhof Köln Messe/Deutz. Der Bahnhof ist ein wichtiger Verkehrsknotenpunkt für das Rechtsrheinische mit Anbindung an die Messe und seit dem Jahre 2002 auch eine ICE-Haltestelle. Das Restaurant „Deutzer Bahnhof“ im denkmalgeschützten Bahnhofsgebäude, in dem auch Live-Auftritte stattfinden, ist ein beliebter Treffpunkt in Köln.

Das Bürohochhaus am Ottoplatz, wegen seines Grundrisses „KölnTriangle“ genannt, zeigt, wie die ursprüngliche Veränderung des rechtsrheinischen Stadtgebietes an dieser Stelle aussehen sollte: Die Gestaltung

Die Liebesschlösser auf der Hohenzollernbrücke sollen Glück bringen.

sah eine hohe Bebauung vor. Doch im Juli 2004 kündigte das Welterbekomitee der UNESCO an, den Kölner Dom von der Liste der Welterbestätten zu streichen, sollte die Hochhauskonzeption für das Rechtsrheinische weiterverfolgt werden. Diese Entscheidung löste in Köln eine Grundsatzdebatte über die städtebauliche Entwicklung im Umfeld des Bahnhofs Köln Messe/Deutz aus. Das Resultat war ein Ratsbeschluss: Die Hochhauspläne wurden nicht weiter verfolgt; stattdessen gab es ein Werkstattverfahren, in dem im Jahre 2006 drei hochwertige und anspruchsvolle städtebauliche Konzepte entwickelt wurden. Das Wettbewerbsergebnis, das den Ottoplatz zu einem repräsentativen „Eingang in die rechtsrheinische Innenstadt“ machen soll, wurde im Rahmen des Landeswettbewerbs „Stadt macht Platz – NRW macht Plätze“ prämiert.

Der Bahnhofsvorplatz soll wieder ein richtiger Platz werden – ein Willkommenstor.
Blick auf die umgebauten Messehallen

„Unser Henkelmännchen"

Die Opladener Straße führt auf das Stadthaus mit dem „Henkelmännchen" zu, wie die Kölner liebevoll die frühere KölnArena und heutige LANXESS arena nennen. Dieser besondere Stadtraum lässt sich am besten vom Willy-Brandt-Platz aus, dem Geländeanstieg folgend, erkunden. Verschiedene Baukörper des Stadthauses umschließen die LANXESS arena von zwei Seiten und bieten Platz für die rund dreieinhalbtausend Mitarbeiter der Verwaltung. Die gläserne Eingangshalle ist nicht nur ein Orientierungsort, sondern kann zum Beispiel auch für Veranstaltungen und Ausstellungen genutzt werden. Das zu den Bahngleisen hin gelegene Parkhaus war zur Zeit seiner Errichtung das größte in ganz Europa.

Das Deutzer Areal

Zum neu entstandenen Deutzer Areal gehört auch das KölnTriangle, in dem die Europäische Agentur für Flugsicherheit (EASA) ihren Sitz hat. Drei angrenzende Bauten gruppieren sich mit dem Hochhaus um einen Innenhof. Er ist über zwei versetzt gegenüberliegende Zugänge erreichbar. Die Architekten sind GATERMANN + SCHOSSIG, die in Köln auch weitere, zum Teil prämierte Gebäude errichtet haben.
Zwischen Ottoplatz und KölnTriangle können Sie unter der Bahnführung hindurch einen kurzen Abstecher zu den alten Messehallen von 1928 machen. Adolf Abel schuf diesen Komplex anlässlich der Internationalen Presse-Ausstellung „Pressa" im Stil des Barockexpressionismus. Heute beherbergen die Gebäude unter anderem den Fernsehsender RTL. Durch die Hermann-Pünder-Straße führt unser Weg an der neuen Freitreppe entlang bis zur Deutzer Brücke, von wo aus Sie wieder einen wunderbaren Blick auf beide Rheinseiten genießen können. Die Frankenwerft führt Sie dann zurück zum Rheingarten.

Das Rathaus im Stadtteil Deutz prägt das Viertel entscheidend.

Regionale 2010 Rheinboulevard und Ottoplatz

Der Rhein mit seinen Uferbereichen ist der größte zusammenhängende Landschaftsraum im Kölner Stadtgebiet. Er ist nicht nur ökologisch und klimatisch für die Stadt wichtig, er war immer auch ein Erholungsgebiet. Für Köln als „Stadt beiderseits des Rheins“ gilt es heute, die linke und die rechte Stadthälfte weiter gleichgewichtig zu formen. Dabei soll der jetzige Zustand der linken Rheinseite mit Rheingarten, Altstadt und neuem Rheinauhafen bewahrt werden, während auf der rechten Rheinseite veraltete Strukturen den heutigen Bedürfnissen angepasst werden müssen. Als Impulsprojekt der Regionale 2010 wird der rechtsrheinische Abschnitt zwischen Hohenzollernbrücke und Deutzer Brücke umgestaltet: Der Ottoplatz mit dem historischen Bahnhof Deutz (heute Bahnhof Köln Messe/Deutz) soll der neue „Empfangsbereich“ der rechtsrheinischen Innenstadt mit Messe, LANXESS arena und Rheinboulevard werden.

Der künftige Rheinboulevard soll den Erholungswert des Rheins wieder stärker in den Mittelpunkt rücken. Er passt sich in die rechtsrheinischen Freiraum-

Wettbewerbsentwurf für die Neugestaltung des Ottoplatzes

und Grünplanungen ein, und eine attraktive Verbindung zwischen Deutz und Mülheim entlang des Rheins wird den gesamten Bereich gegenüber der linksrheinischen Altstadt mit dem Rheingarten aufwerten. Doch der Rheinboulevard ist noch mehr: Er ist Teil einer repräsentativen Verbindung zwischen der linksrheinischen Altstadt und dem rechtsrheinischen Deutz sowie den Landschaftsräumen der Poller Wiesen und dem Rheinpark.

Kernstück des Rheinboulevards ist die sogenannte „Freitreppe", die der besonderen Lage gegenüber der Altstadt eine attraktive Tribüne bietet. Die in die Treppenanlage eingelassenen „Bastionen" dienen als Aussichtsbalkone für den Blick auf die Altstadt und spektakuläre Veranstaltungen wie die „Kölner Lichter". Die Platzierung der Bastionen betont die Verbindungsachsen aus dem Stadtteil an den Rhein: So verbindet etwa die Hermann-Pünder-Straße den Bahnhof und den neu gestalteten Ottoplatz mit dem Rheinboulevard und bietet Radfahrern und Fußgängern einen direkten Zugang. Ein weiteres wesentliches Element des Rheinboulevards bildet das sogenannte „Medienufer" vor den ehemaligen Messehallen als Übergang zum Rheinpark, während die Deutzer Werft zum „Freizeitufer" aufgewertet wird.

Auch der Bahnhof Köln Messe/Deutz und der Ottoplatz gehören zum Entwicklungsgebiet. Die Planungen für den Ottoplatz müssen allerdings berücksichtigen, dass die Opladener Straße/Mindener Straße und der Auenweg wichtige Verkehrsadern für Messe- und arena-Besucher und für die direkte Verbindung zur Rheinüberquerung sind. Es muss sich also ein funktionsfähiges Straßennetz mit Verkehrsknotenpunkten ergeben, das gleichzeitig Fußgängern und Radfahrern gerecht wird. Auch ist der Bahnhof größtenteils denkmalgeschützt und darf nur behutsam verändert werden.

Der Rheinboulevard wird künftig eine attraktive Verbindung von Deutz nach Mülheim entlang des Rheins schaffen.

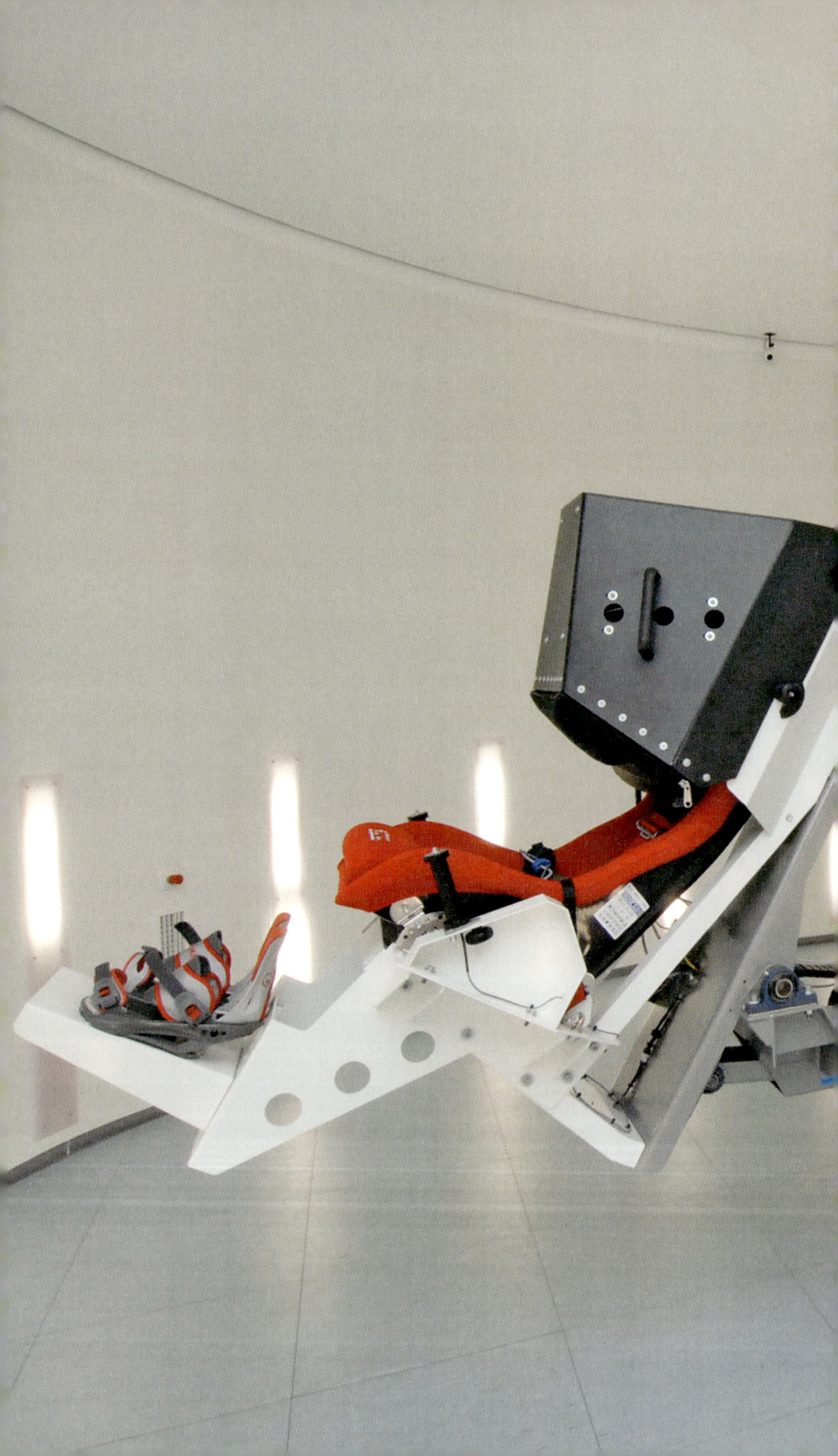

Envihab und Odysseum

Das Deutsche Zentrum für Luft- und Raumfahrt (DLR) beschäftigt sich mit der Erde, dem Sonnensystem und umweltverträglichen Technologien. In den Bereichen Luftfahrt, Raumfahrt, Verkehr und Energie wird Grundlagenforschung betrieben und es werden innovative Anwendungen und Produkte für die Zukunft entwickelt. Der DLR-Standort in Köln-Porz macht mit dem Regionale 2010-Projekt Envihab *(environmental habitat)* wissenschaftliche Forschung der interessierten Öffentlichkeit zugänglich und lässt Sie teilhaben an der Auseinandersetzung mit zentralen Fragen für das Leben auf der Erde und im Weltraum.

Im Wissenspark Odysseum wiederum können Sie an zweihundert interaktiven Erlebnisstationen spielerisch Zusammenhänge ergründen: Die thematische Bandbreite reicht von der Entstehung des Lebens bis zur modernen Gentechnik, von den Grundlagen der Physik bis zur virtuellen Realität, von den Besonderheiten der Region bis zu globalen Fragen der Menschheit.

Was können Sie hier tun und erleben?

Forschung und Wissenschaft erleben, darum geht es im Envihab ebenso wie im Odysseum. In der aktiven Forschungsanlage Envihab erhalten Sie ab 2012 Einblick in lebendige Forschung und können nach Voranmeldung den Wissenschaftlern bei einer Führung durch ihren Arbeitsbereich über die Schulter sehen. Das „Science Center" Odysseum dagegen ist öffentlich zugänglich: Dort können Sie faszinierenden Phänomenen nachspüren und sich vom „Wissenschaftsabenteuer" überraschen lassen.

Anfahrtspunkt:

Envihab (nur nach Voranmeldung): Deutsches Zentrum für Luft- und Raumfahrt e. V.
Linder Höhe, 51147 Köln
Odysseum: Corintostraße 1, 51103 Köln-Kalk

Parkmöglichkeiten:

Envihab: Parkplatz auf dem Gelände
Odysseum: Tiefgarage und Parkplätze auf der Rückseite des Odysseums

Anreise mit ÖPNV:

Envihab: S-Bahnen 12 und 13 bis S-Bahnhof Porz-Wahn, dann Buslinie 160 bis Endhaltestelle DLR
Odysseum: U-Bahn-Linien 1 und 9, Haltestelle Kalk-Post, oder S-Bahn-Linien 12, 13 und RB25, Haltestelle Trimbornstraße

Blick in die Humanzentrifuge des Deutschen Zentrums für Luft- und Raumfahrt

Das Deutsche Zentrum für Luft- und Raumfahrt (DLR)
Das DLR in Köln-Porz betreibt seit vielen Jahren Grundlagenforschung. Es hat die Aufgabe, im Zusammenhang mit der Erforschung der Erde und des Universums Erkenntnisse zu sammeln und innovative Anwendungen für den Erhalt der Umwelt sowie für Mobilität, Kommunikation und Sicherheit zu entwickeln.
Im Bereich Luftfahrt erforschen die Wissenschaftler des DLR neue Werkstoffe und die Optimierung von Antrieben. Dabei wollen sie erreichen, dass sich die Leistung und Zuverlässigkeit der Antriebe erhöht, gleichzeitig jedoch der Schadstoffausstoß verringert. Getestet werden die ent-

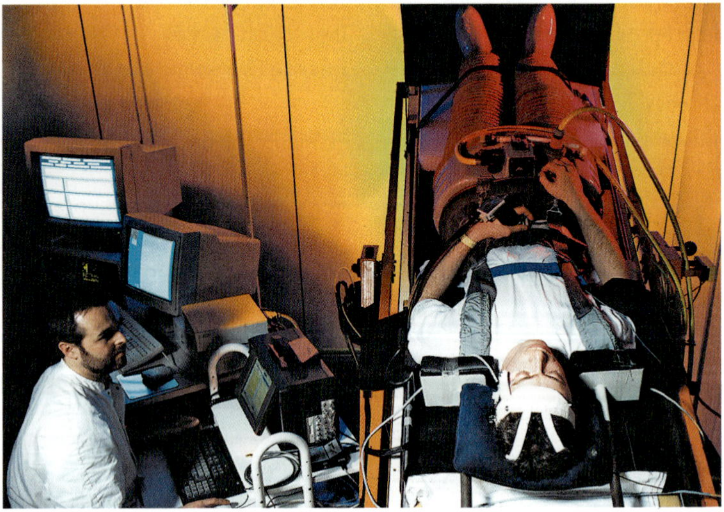

Envihab-Studie im Institut für Luft- und Raumfahrtmedizin

wickelten Objekte und Stoffe in Windkanälen sowie auf Triebwerks- und Materialprüfständen.
Die Verkehrsforschung widmet sich unter anderem zukünftigen Verkehrssystemen und ihren Auswirkungen auf die Umwelt. Die Mobilität der Menschen soll erhalten bleiben, gleichzeitig jedoch die Umwelt und die Ressourcen geschont und die Verkehrssicherheit verbessert werden.
Im Forschungsbereich Energie werden im DLR hauptsächlich erneuerbare Energien untersucht. In Köln-Porz steht ein sogenannter Hochflussdichte-Sonnenofen, in dem die Sonnenstrahlung zwei- bis dreitausendfach konzentriert werden kann.
„Erdung" der Weltraumforschung nennen die Wissenschaftler Anwendungen und Produkte, die aufgrund von in der Raumfahrtforschung gewonnenen Erkenntnissen entstanden sind – die Antihaftbeschichtung von Pfannen ist ein Beispiel. Zudem wollen die Forscher herausfinden, wie die Menschen den Luft- und Weltraum für Forschung und staatliche Infrastruktur und auch für Versorgungsaufgaben erschließen können.

Envihab – Forschung hautnah erleben

Können wir Menschen eines Tages zum Mars fliegen? Wie können wir die Erkenntnisse der Raumfahrtforschung nutzen, um unsere Gesundheit, unsere Umwelt, unser tägliches Leben und die Entwicklung von Alltagsgegenständen in unserem „Raumschiff Erde" zu verbessern? Die Wissenschaftler des Envihab gehen diesen Fragen auf den Grund. Mit dem Regionale 2010-Projekt Envihab entsteht eine völlig neuartige Forschungsanlage, die den Forschungskompetenzen des DLR auf international höchstem Niveau gerecht wird und selbstbewusst auf den Innovationsstandort Nordrhein-Westfalen aufmerksam macht. Statt einer „Forschung hinter dem Zaun", von der niemand etwas mitbekommt,

Envihab-Modell von Glass Kramer Löbbert Architekten mit Uta Graff, Berlin

sollen zukunftsfähige Projekte einer interessierten Öffentlichkeit vermittelt werden.

Das Institut für Luft- und Raumfahrtmedizin des DLR untersucht unter anderem, welche Wechselwirkungen zwischen Mensch, Umwelt und Maschine bestehen. Im Mittelpunkt steht dabei, dass alle direkt und indirekt an der Luft- und Raumfahrt Beteiligten – Pilot, Crew, Passagier, Astronaut, Kraftfahrer, Anwohner und andere – gesund und leistungsfähig bleiben. Die Kölner untersuchen zum Beispiel, wie der Mensch reagiert, wenn er lange Zeit in der Schwerelosigkeit verbringt. Das Institut beteiligt sich außerdem an der Suche nach Leben im All.

Die Forschungsanlage Envihab, die bis 2012 fertiggestellt sein soll, beschäftigt sich mit den komplexen Fragestellungen eines geschlossenen Lebenserhaltungssystems *(environmental habitat*, kurz *envihab)* und drängenden Umweltfragen. Das Envihab ist modular aufgebaut und – zumindest in Teilen – transparent. Das heißt, Sie können nach Voranmeldung den Forschern und Probanden bei ihren Versuchen in den „gläsernen Labors" über die Schulter schauen. Versuchsaufbauten und Forschungszusammenhänge werden von kompetenten Wissenschaftlern verständlich erklärt.

Forschung authentisch erleben – das ist das Ziel des Envihab. Um das empfindliche Gleichgewicht zwischen Öffentlichkeit und störungsfreier, konzentrierter Forschung zu halten, werden allerdings nur kleine Gruppen durch die Anlage geführt. Darum ist eine Voranmeldung erforderlich.

Spielerisch Wissen erwerben im Odysseum

Er ist der Star bei den Kindern – der „lebendige", drei Meter lange *Tyrannosaurus rex*, der im nachgebildeten Regenwald des Science Centers Odysseum steht. Wenn er schläfrig die Augen öffnet, sein gewaltiges Maul

Der Astronautentrainer im Themenbereich „Erde" des Odysseums

aufreißt und die Zähne zeigt, ertönt erschrockenes und begeistertes Geschrei. Riesige Bäume, urzeitliche Farne und exotische Blüten lassen die Besucher im ersten Themenbereich, „Leben", zu Forschern untergegangener Welten werden.
Ob Evolution, Gene und Erbgut, Attraktivität und Sexualität oder Gehirn und Wahrnehmung – alle Themen lassen sich aktiv gestalten und werden durch Experimente „greifbar".

Erde, Cyberspace und Gentechnik
Von einer „Raumstation" aus gelangen die Besucher über eine „Umlaufbahn" hinab zur „Erde", dem zweiten Themenbereich. Der Schwerpunkt „Neugierig leben" befasst sich mit Entwicklung und Globalisierung, aber auch mit Physik, Technik und Logik – und stellt viele Fragen: Was steckt hinter dem Satz des Pythagoras? Wie kann Energie aus Wasserkraft gewonnen werden? Wie kann man sich einer Sache sicher sein?
Im dritten Themenbereich, „Cyberspace", begegnen Sie Hackern, Netzwerken und einer Roboter-Werkstatt, während sich die Themen des vierten Bereichs, „Mensch", mit den Perspektiven der Medizin und Gentechnik sowie Möglichkeiten und Grenzen von wissenschaftlicher Forschung beschäftigen – aber auch mit der Entwicklung, die unsere Ernahrung nimmt auf dem Weg des Menschen vom Jäger und Sammler zum Fastfood-Junkie.
Spannend wird es für verschiedene Altersstufen in der „Kinderstadt", dem letzten Themenbereich. Spielerisch lernen Kinder hier die Grundlagen von Physik und Technik, im Kaufladen spielen Mengen und Geld eine Rolle, die ganz Kleinen trainieren Motorik und Koordination, und ein wirklichkeitsnahes Filmstudio schult Kinder und Jugendliche im Umgang mit Medien.

Mal schläft er, mal brüllt er und zeigt die Zähne: der T-Rex im Odysseum.

Regionale 2010
Envihab – eine begehbare Forschungslandschaft

Die „Gärten der Technik“ der Regionale 2010 sind ausgewählte Forschungs- und Produktionsstandorte der Region Köln/Bonn, die unterschiedliche Wissenschafts-, Wirtschafts- und Technologiebereiche abbilden. Sie stellen vom Menschen kultivierte und gestaltete und darum „künstliche“ Landschaften von besonderer Schönheit vor: zum Beispiel blühende Obstplantagen, faszinierende Forschungs- und Produktionsanlagen aus der Chemieindustrie, der Energiewirtschaft oder der Luft- und Raumfahrt, außergewöhnliche Deponie- und Tagebau-Landschaften oder große Trinkwasser-Talsperren.
Das Ziel der Gärten der Technik ist die zukunftsfähige Weiterentwicklung der Standorte, ihrer Produkte und Arbeits- und Verfahrensweisen. Gleichzeitig ist es aber auch ein Anliegen, sich gegenüber der Öffentlichkeit mehr als bisher zu öffnen und so den interessanten Arbeitsall-

Das Envihab wird auf dem Gelände des Deutschen Zentrums für Luft- und Raumfahrt gebaut.

tag begreifbar zu machen. In den Gärten der Technik „gedeihen" innovative und wertvolle Produkte, und die ausgewählten Standorte repräsentieren modernstes Know-how und fachlich hohe Kompetenz. Sie denken über die Zukunft nach, erproben Neues, beziehen frühzeitig den Nachwuchs mit ein, geben Impulse und laden die Menschen ein, ihre Betätigungsfelder und Erfahrungen kennenzulernen.

Ein Garten der Technik ist das Projekt Envihab *(environmental habitat)* des Deutschen Zentrums für Luft- und Raumfahrt (DLR). Envihab untersucht, unter welchen Bedingungen Menschen während der langen Reise zum Mars innerhalb eines geschlossenen Lebensraums am besten leben können. Die gewonnenen Erkenntnisse sind wichtig für das Leben und Überleben des Menschen auf der Erde. So wie sich Envihab dem Zusammenhang von Weltraum, Mensch und Umwelt widmet, so beschäftigen sich andere Gärten der Technik mit Pflanzen und Tieren, mit Rohstoffen und Energie, mit Chemie und mit Wertstoffen, also zum Beispiel mit Recycling.

Obwohl das Odysseum im strengen Sinne nicht zu den Gärten der Technik der Regionale 2010 zählt, passt es als Kooperationsprojekt hervorragend zu diesem Ansatz: Es ist ein Wissenschaftszentrum, in dem Wissen zur Gestaltung der Zukunft erlebbar gemacht wird. Die Ausstellung zeigt die Entwicklung der Menschheit über einen Zeitraum von vier Millionen Jahren, und die Besucher erhalten dabei spielerisch Antworten auf zentrale Fragen unserer zunehmend komplexen Welt.

Die Auseinandersetzung mit den vielfältigen Facetten des Fortschritts ist ein spannendes Thema, und letztlich haben alle Gärten der Technik ein sie vereinendes Ziel: Das Leben auf dieser Erde und künftig vielleicht auch im All so zu gestalten, dass die Menschen respektvoll miteinander und mit ihrem Planeten umgehen.

Beide Envihab-Entwürfe stammen von Glass Kramer Löbbert Architekten mit Uta Graff, Berlin.

Global Supply Systems

Wald, Heide, Technik – die Wahner Heide

Das Nationale Naturerbe „Wahner Heide" ist eine besonders wertvolle Kulturlandschaft. Über zweitausendsechshundert Hektar groß, bietet sie rund siebenhundert geschützten Pflanzen- und Tierarten eine Heimat. Zum Vergleich: Der Kölner Stadtteil Ehrenfeld, in dem etwa hundertfünftausend Menschen leben, ist fast genauso groß.

Das heutige Bild der Wahner Heide wurde vor allem durch die rund hundert Jahre währende militärische Nutzung sowie später durch den Flughafen geprägt. Das Militär benötigte für seine Übungen eine Geländemischung aus Wald und offenen Flächen – die Sperrgebiete waren für Besucher nicht zugänglich, sodass sich wertvolle Biotope und seltene Pflanzen- und Tierarten ausbreiten konnten. Auch der Flughafenbetrieb erfordert für Starts und Landungen gute Sicht und offene Flächen. Die Wahner Heide ist der verbliebene Rest der drei bis fünf Kilometer breiten sogenannten „Bergischen Heideterrasse", die sich einst von der unteren Sieg bis zur unteren Ruhr erstreckte. Etwa zwei Drittel der Wahner Heide sind inzwischen bewaldet; nur im Süden findet sich noch ein zusammenhängender Heideraum.

Was können Sie hier tun und erleben?

Diese Rundwanderung führt Sie durch die typische Waldlandschaft der nördlichen Wahner Heide, die offenen Heideflächen von „Geisterbusch" und „Unter der dicken Hecke" sowie ein kurzes Stück am Flughafen entlang. Die Wanderung dauert drei bis vier Stunden, die Wege sind aber auch für Mountainbikes und Tourenräder geeignet.

Anfahrtspunkt:

Eingangsportal Gut Leidenhausen

Parkmöglichkeiten:

Parkplätze Porzer Weg oder Hirschgraben am Grengeler Mauspfad

Anreise mit ÖPNV:

U-Bahn-Linie 7, Haltestelle Porz Markt, weiter mit den Buslinien 151, 152 oder 165, Haltestelle Eil, Heumarer Straße, dann folgen Sie der Beschilderung „Erholungsgebiet Leidenhausen" (Fußweg etwa 19 Minuten)

Die Karte zu dieser Tour finden Sie auf S. 169.

Die Wahner Heide – ein Landschaftsschutzgebiet trotz beziehungsweise wegen des Flughafens

Wald, Heide, Technik – die Wahner Heide

Regionale 2010: Vier Portale für die Wahner Heide

Gut Leidenhausen und sein Erholungsgebiet sind ein guter Ausgangspunkt für unsere Wanderung, denn das Gut bildet das nordwestliche Portal zur Wahner Heide. Insgesamt vier Portale sind im Rahmen des Regionale 2010-Projekts für das Nationale Naturerbe Wahner Heide/Königsforst definiert – sie markieren die wichtigsten Zugänge und sollen den größten Teil der Besucher aufnehmen, bündeln und lenken. Durch den Besuch eines Portals sollen die Besucher für den Wert und den Schutzbedarf des Nationalen Naturerbes sensibilisiert werden. Alle Portale wirken als Schnittstelle zwischen dem dicht besiedelten Kölner Stadtgebiet und seinem grünen Erholungsraum.

Waldwanderung

Der erste Teil der Wanderung führt vom Parkplatz zunächst durch dicht bestandenen Eichen- und Buchenwald mit einzelnen Kiefern und Birken. Die Pionierbecken I und II sind ehemalige Kiesgruben und bieten Lebensraum für gefährdete Arten wie die Heidelerche, deren Gesang Sie hier vielleicht hören können. Die Becken dürfen nicht betreten werden. Am Ende des schattigen Mühlenwegs öffnet sich der Wald und gibt dem Adlerfarn Lebensraum: Der giftige Adlerfarn wächst in Eichenwäldern auf trockenen, nährstoffarmen Böden und steht an der Kreuzung Wolfsweg/Pestalozziweg dicht an dicht in einem umzäunten Gelände. An der Kreuzung zum Weg November informiert eine Schautafel über den „Hudewald“,

Das sogenannte Offenlandbiotop „Geisterbusch“ mit blühender Besenheide
Auch das ist die Wahner Heide: Apfelbaum bei „Unter der dicken Hecke“.

einen für die Wahner Heide typischen Eichenwald. Der Name *Hude* (*Hutung* bedeutet „Viehhüten") geht zurück auf den lichten Charakter einer „Waldweide": Früher ließen die Bauern ihr Vieh im Schatten der Bäume weiden, sodass sich kein hoher Bewuchs bilden konnte. Das Militär nutzte den Hudewald als Lagerplatz im Freien bei militärischen Übungen und hielt ihn deswegen ebenfalls frei von Bodenvegetation. Heute übernehmen diese Arbeit Herden von Glanrindern und Ziegen. Im Hudewald ist der Mittelspecht, eine bedrohte Spechtart, beheimatet.

Trockene Heidelandschaft

Der „Geisterbusch" ist ein artenreiches sogenanntes Offenlandbiotop. Auch hier sorgen seit 1997 im Sommer Rinder und Ziegen dafür, dass die Bodenvegetation nicht wuchert, damit die Heide sich wieder verstärkt ansiedeln kann. Das Heidekraut bevorzugt karge, offene Bodenflächen, und seit die offenen Heideflächen regelmäßig gemäht und von Tieren beweidet werden, entwickelt sich die Besenheide prächtig – sehr zur Freude des Schwarzkehlchens, das bevorzugt im Geisterbusch und im Herfeldmoor brütet.

Laut, aber wichtig für die Heide

Der Brandweg führt am Rande des Geisterbuschs zum Flughafenzaun, wo Sie den Flugbetrieb beobachten können. Seit 1957 wird der Flughafen Köln/Bonn ausschließlich zivil genutzt und feierte rund fünfzig Jahre später mit dem zehnmillionsten Passagier einen beachtlichen Rekord. Unser Weg führt Sie nun noch einmal durch den Geisterbusch und anschließend durch das Wasserschutzgebiet „An der Hardt" und den größten zusammenhängenden Eichenwald der Wahner Heide, bis Sie wieder zum Ausgangspunkt gelangen.

Die Wahner Heide ist Lebensraum für über 700 geschützte Pflanzen- und Tierarten.

TOURISMUSINFORMATION
Weitere Informationen zu den Projekten der Regionale 2010 **Rheinboulevard**, **Ottoplatz** und **Wahner Heide/Königsforst** finden Sie auf der Website:
www.regionale2010.de
Informationen zum **Envihab** und **Odysseum** unter:
www.gaerten-der-technik.de

HEREINGESCHAUT!
Deutsches Zentrum für Luft- und Raumfahrt (DLR)
Institut für Luft- und Raumfahrtmedizin (nur nach Voranmeldung)
Linder Höhe, 51147 Köln
Tel. 02203 / 601-31 13

KölnTriangle
Ottoplatz 1, 50679 Köln
Tel. 0221 / 35 50 04-100
www.koelntriangle.de
Öffnungszeiten wechselnd,
Kernzeit Mo–Fr 12–18 Uhr

Odysseum
Corintostr. 1, 51103 Köln-Kalk
Tel. 0221 / 69 06 82 00
www.odysseum.de
Öffnungszeiten wechselnd,
Kernzeit 12–17 Uhr
Eintritt: Erw. € 14,00, Kinder € 7,50–9,50, Familie € 34,50 (2 Erwachsene und 2 Kinder)

AKTIV DABEI
LANXESS arena
ARENA Management GmbH
Willy-Brandt-Platz 3, 50679 Köln
Tel. 0221 / 80 21
www.koelnarena.de

Wahner Heide
www.wahner-heide.com
Gut Leidenhausen
Haus des Waldes – Greifvogelstation – Deutsches Obstmuseum Köln – Schutzgemeinschaft Deutscher Wald Köln e.V.
Gut Leidenhausen, 51147 Köln
Tel. 02203 / 399 87

Adlerfarn in der Wahner Heide